リーダーは半歩前を歩け

——金大中というヒント

姜尚中
Kang Sang-jung

a pilot of wisdom

はじめに　私はリーダーになるのが怖かった

私は子供のころから、「リーダー」というものが根本的に向いていない性格でした。もっと正確に言うと、そうなりたいと憧れながら、どうしてもなれない性格だった、と言いましょうか。

思春期以降はややひきこもりがちだったのですが、それ以前は、わんぱくだったし、成績もそれほど悪くなく、クラス委員に選ばれたり、野球のキャプテンをやったりと、目立つほうだったと思います。でも、どちらかというと、あまり度胸がなくて、怖がりな性格でした。そのくせ、内心、「リーダーみたいな子」がかっこいいとも思っていたから、始末が悪かった。「しのぐ」ことさえできれば、目立つ場面に立たされてもそう悪い気はしないという、きわめて中途半端なところに位置していたように思います。無意識のうちに、本当の自分に「蓋《ふた》」をしていたのかもしれません。

そんな幻想が打ち砕かれたのは、小学校六年生のある日のことでした。隣町の小学校の悪ガキグループとの間に、「決闘」騒ぎのようなことが起こったのです。私の仲間が彼らの「縄張り」とは知らずに、公園内の池で調子にのってふざけ騒いでいたために、「いついつ、どこに来い」というような呼び出しをくらい、何を買いかぶられたのか、仲裁役として私が引っ張り出されることになったのです。

とんだ役回りになったと、内心困り果ててしまいました。喧嘩《けんか》などは大の苦手ですから、震え上がっていました。しかし、妙な義理がたさと見栄っぱりとがあって、いやだと言うこともできない。しかたなく、乞われるままに決闘の場所に行ったのですが、あのときの緊張は、いまでも忘れることができません。

結局どうなったかといいますと、もともとたいした意味もないイチャモンだったのでしょう、結局、相手が現れなかったのです。心の中ではヘナヘナと力が抜けるくらいホッとしました。しかし、そうなったらなったで、子供というのは図に乗るものです。気勢をぶちあげて、帰ってきたのでした。

しかし、意気揚々と引きあげながら、私は胸の中で、見たくなかった自分をまともに見せつけられ、ちょっとショックでした。

何だ、自分はこんなに臆病なヤツだったのか。ただ虚勢を張るだけの「お調子者」じゃないか。

空しい風がひゅるる、とふき抜けたひと時でした。

というわけで、本書は、言ってみれば、「リーダーになれない人間」によるリーダーシップ論ということになります。

私が「自分はリーダーに向いてない」と言うと、「ええ？　そんなことないでしょう」などと反論されることがあります。おそらくテレビなどでの露出度が高く、それなりの「慣れ」でアガりもせずにしゃべることができるため、そんなふうに見られるのでしょう。でも、いま言ったように、本来的な資質はそうではないのです。

それが証拠に、本書の第二章の、リーダーになるために不可欠な「七つのリーダー・パワー」に基づいてセルフチェックしてみると、自信を持って○にできるものは、二つしかありません。

七つのリーダー・パワーとは、すなわち、「先見力」「目標設定力」「動員力」「コミュニケーション力」「マネジメント力」「判断力」「決断力」です。このうち、自信を持って○にしてもいいと思うのは、「先見力」と「判断力」だけです。とくに、私は計画性や管理能力に乏しいので、「マネジメント力」などはからきしダメです。リーダーシップにとってもっとも重要な「決断力」も、先ほどの話のように胆力に欠けているので、×だと思います。してみると、百点満点でいえば、さしずめ三十点といったところでしょう。ひどい劣等生です。

では、このようにリーダー不適格ともいえる私が、なぜリーダーシップについて語るのでしょうか。

その答えは、詭弁《きべん》のようですが、そこにこそ案外大きな意味があるのではないかと思うからです。というのも、リーダーそのものと、リーダーシップについて語る人間とは別物なのです。それは、『君主論』を書いた、あのマキアヴェリ以来の伝統ではないかとさえ思います。つまり、私は、古今東西、「リーダーシップ論」というのは、リーダーシップの死活的な重大さに気づきながらも、当のリーダーになる力はない人間が、「観察者」として、非常なる情熱を持って理論を探究したものではないか、と考えるのです。

よく、「中に入るとものが見えなくなる」とか、「客観的にとらえるためには傍観者であれ」とか言われますが、それに似ていないでもありません。

私は三十点の劣等生だと言いましたが、失礼ながら、マキアヴェリだってリーダーそのものとして採点したら、案外似たような点数だったのではないでしょうか。だからこそ彼も、一抹の劣等感を熱烈な分析魂に置き換えるがごとく、指導者論に取り組んだのではないかと思うのです。

本文でも述べますが、いま、時代は大きな転換期にさしかかっています。経済の世界では従来の方程式が崩れ、新しいビジネスモデルが模索されつつあります。政治の状況も、かつてない転換期にさしかかっています。いろいろな意味で、非常に難しい時代に突入したことは疑いありません。だからこそ、いま、「リーダーシップ」というものに、各方面から注目が集まっているのです。

本書は、一般の読者にこの問題を身近に――というよりも自分の問題として――考えていただくために書いた本ですから、堅苦しく考えず、気になったところから読んでみてください。とりあえず、私が二つしか○をつけられなかった「七つのリーダー・パワー」のセルフチェックから始めてみる、なんていうのは、いかがでしょうか。

*

なお、二〇〇九年八月十八日、このリーダーシップ論を書くきっかけとなった金大中《キムデジュン》元韓国大統領が逝去されました。謹んで哀悼の意を表するとともに、本書を、二十世紀のアジアを代表するリーダー金大中氏のために捧げたいと思います。

目次

第二章

あなたも「リーダー」になれる？――47

――リーダーシップ／ビジネス篇

第三章

「見てるだけ」ではダメです ――― 91

――リーダーシップ／政治篇

二．土壌を作ろう、参加しよう

終章

歴史と勝負する

本文デザイン・組版　アイ・デプト.

第一章

カギは「半歩前」だ

——そろそろ、ニュー・モデル

第一章　カギは「半歩前」だ——そろそろ、ニュー・モデル

個人の「自由」を追求する風潮が、やや様変わりして、
「リーダーシップ」が時代のキーワードになりつつあります。
閉塞した、未来の見えにくい世の中だからこそ、
優れた指導者が求められているのでしょう。
私は尊敬する金大中元韓国大統領から、
リーダーシップに関する大きなヒントをもらいました。
それは、人びとの「半歩前」を行くということ。
柔軟な歴史の知恵を具《そな》えたリーダーが、いま、待望されています。

リーダーは「カリスマ」ではない、「司令官」でもない。

「リーダー」という言葉を口にするとき、みなさんはどのような人物を思い描くでしょうか。

まずイメージするのは、いわゆる「カリスマ」と呼ばれる人たちではないかと思います。たとえば、レーニンや、毛沢東、チェ・ゲバラ……。あるいはヒトラーやスターリンといった独裁者を思い描く人もいるかもしれません。さらにインドのガンジーやチベットのダライ・ラマ十四世などを連想する人もいるでしょう。日本で言えば、織田信長あたりでしょうか。要するに、革命家とか独裁者とか、あるいは独立運動の指導者などと呼ばれている人びとです。

「カリスマ」というのはもともと宗教用語で「神の賜《たまもの》」を意味し、転じて超自然的な力や天賦の才を意味するようになったようです。世界の歴史を眺めると、数は少ないながら、たしかにそういう異能を持って生まれてきた人がいます。

カリスマ的な力は、リーダーシップにおける重要な要素の一つではあります。でも、私がこの本で取り上げたいのは、そういう特殊な人のことではありません。

また、「リーダー」と言うと、みなさんは、民衆をぐいぐい引っ張って統率していくような人を思い描くのではないでしょうか。

それも、ゆえなきことではありません。というのも、〝leader（リーダー）〟というのは、もともと〝commander（コマンダー）〟を意味していたらしいからです。コマンダーとは「司令官」、すなわち軍隊を動かす人です。生死を分かつような状況の中で、兵士に命令を与え、戦《いくさ》を勝利に導く。そんなヒーローのイメージです。

でも、私がとりあげたいのは、そのようなマッチョなリーダーのことでもありません。もっと「現実的なリーダー」の話をしようとしているのです。

ときおり、「リーダーとは、民度のバロメーターだ」と言われることがあります。この言い方は、正しいと思います。リーダーというのは、その共同体の民度や文化の水準を反映して登場してきます。リーダーと民衆の間にケタ違いの格差があったら、ぜったいにうまくいきません。

たとえばチェ・ゲバラは、コンゴやボリビアといった外国へ革命指導者として出かけていきました。が、晩年の彼は民衆のレベルの低さにいらだち、民衆のほうも彼についていくことができませんでした。そのような民度を反映していないリーダーシップというのは、うまくいかないのです。

企業組織でもそうです。どの会社もそれぞれ、長い時間の中で培われてきた伝統や規範のようなものを持っています。その中から、リーダーが登場してくるのが理想です。外からいきなり天下り社長やヘッドハンティングされた部長がやってきても、社員はついていけません。当たり前のことです。

科学論が通用しない世界。でも、新しい潮流が見えている。

「リーダーシップ論」というのは古くて新しいテーマであり、古今東西、つねに何らかのかたちで議論されてきました。しかし、こう言っては身も蓋もないのですが、じつは考えれば考えるほどわからなくなるテーマなのです。

なぜかというと、リーダーシップは、「偶発性」に左右されやすく、「科学論」としては成り立たないからです。

たとえば、昨日まで平々凡々だった人間が、ある状況の変化によって突然まつり上げられ、時代の寵児《ちょうじ》みたいになることがあります。

アメリカのジョージ・W・ブッシュ前大統領などは、典型的にそうでしょう。とりたてて特徴もないテキサスのジュニア政治家だったのに、九・一一テロが起こったのをきっかけに、世界的なビッグ・ネームの大統領になってしまいました。

ですから、言葉は悪いけれども、本人の能力やリーダーとしての資質とはうらはらに、突然お鉢が回ってきて、みごとに波乗りできてしまうこともあるのです。

そのくらい、リーダーシップというのは、スカッと分析できないところがあります。

そう言いながら、こうしてあらためてリーダーについて語ろうとするのは、いま、いろいろな局面でリーダーシップに関して、新しい潮目が出はじめているのを感じるからです。

政治の世界もいよいよ新しい時代に突入しようとしています。当分、「ポスト戦後政治」の体制作りに向けて激動の時代が続くのではないかと思います。

他方、サラリーマンの方たちの日常的な場面でも、「リーダー」に関する議論や蘊蓄《うんちく》話《ばなし》をしばしば耳にするようになりました。

その場合の呼称は必ずしも「リーダー」ではなく、「社長」であったり、「部長」であったり、ときには「編集長」であったりするのですが、ちょっとした雑談や飲み会の席でも、何かというと上司の話題になり、どこが悪い、あそこが問題だ、と要望や批判がえんえんと続きます。

それらは単なる愚痴であることも多いのですが、ときに、「おやっ」という意見が混じっています。そこで、アレ、文化論としても新しい傾向が出てきたんじゃないの？と、注目しているのです。

たとえば、こんなことがあります。

まず、下の側からの意見はこうです。

「いい上司が欲しいなァ……」

ことさら珍しくもないように聞こえるでしょう。

しかし、面白いことに、上の側もこう言っていたりするのです。

「あまり下の人間に自由にやらせておいちゃダメだ」

この言い方は、少し前まではNGだったのではないでしょうか。

自由からの逃走？
人は「支配」されたがる。

多少の誤解を恐れずに言うと、私は、いま、人びとは「支配」というものを求めはじめているのではないかと感じるのです。個人個人が、てんでんばらばら、勝手気ままに行動するのではなく、ある程度の協調や団結のもとに行動しようとしはじめている。そんな動きを感じるのです。人びとのこのような心理の変化が、「リーダーシップ論」の台頭と関係しているのではないでしょうか。

ここ十年くらい、この国のほとんどの組織は、――企業でも、組合でも、地域共同体でも――、固定化された構造を「壊す」、あるいは「解体する」方向に進んできたと思います。「個人の自由」とか「個人の意思」といった言葉がとにかくよしとされ、反対に、上意下達式に命令がなされることは「悪」であるかのように見なされてきました。

多くの企業で、「チームワーク」より「個人の能力」が重視され、「権限委譲」とか「個人の裁量」といった言葉が、キーワードのように叫ばれてきました。年功序列型から成果型へのシフトが進み、給与の面でも、「固定給」から個人の出来高による「能力給」に変えるところが続出しました。

この傾向は先進的な組織ほど顕著で、がんじがらめの管理をやめて、個人が自由に能力を発揮できる環境作りをしよう、と叫んできました。もちろん、実態はそれほど「個人化」や「自由化」は進んでいなかったかもしれませんが、そうした取り組みが社会の新しいトレンドのようにもてはやされてきました。

このような傾向のために、「リーダーシップ論」も、しばらく流行《はや》らなかったのです。

先ほど私は、リーダーシップ論は古くて新しいテーマだと言いました。むろん、組織というものがこの世に存在する限り、リーダーシップ論はなくなりはしないでしょう。しかし、個人の裁量や個人の能力開発を重視しようとすると、相対的に、上下の固定化や支配構造につながるリーダーシップの価値は下がります。だから、しばらくリーダーシップ論は下火になっていたのです。

ではなぜ、いまになって「リーダーシップ論」が再燃してきたのでしょうか。

その理由の一つは、社会生活においても、プライベートにおいても、極度な情報化などのせいで「個人化」があまりに進みすぎたために、多くの人がどうしていいかわからなくなってきたからではないでしょうか。すなわち、自由になりすぎたためにもたらされた「孤独」のせいで、つらくなってきたのです。

これまでにも私は何度か引きあいに出しているので、ご存じの読者も多いかと思いますが、エーリッヒ・フロムの言う「自由からの逃走」が差し迫った問題になっているようです。つまり、自由でいるのが苦しくなってきたのです。人はある程度自由を制限してもらったほうが、生きやすく、行動しやすいのです。人びとはいま、そんな「支配」を求める心境になっているのではないでしょうか。

巷《ちまた》では相変わらず、ハウツー本やノウハウ本が売れ筋になっていますが、どうしてそうした本がよく売れているかというと、自由であることを一旦棚上げにして、「こうしなさい」「ああしなさい」と明確に目標を示し、具体的にどう行動すればいいのかを教えてくれるからではないでしょうか。

いま私は、主に企業組織の例で説明してきましたが、政治の世界でも似たようなことが起こっています。

後で章を改めて述べますが、私たちはいまだに、数年前に強烈な個性を放って消えた「小泉純一郎」という人の残影にひきずられています。彼のあの個性を「リーダーシップ」と呼ぶかどうかは別として、いまの私たちは自由であることの重荷から逃れるためにマゾヒスティックに何か強い力に引っ張られたがっているような気がするのです。

このような「迷える自由な人びと」の心理に対応するかのように、「管理する側」も、「個人の自由にさせておかないほうがいい」とする方向へ変わってきているのではないでしょうか。

企業組織の多くは、先に述べたように、しばらくの間、個人の裁量に任せて、個人の能力をできるだけ自由に開花させようと努力してきました。ところが、「思ったほど成果が上がらない」ことに気づいた。そして、「そろそろ潮時かな」と思いはじめたのではないでしょうか。

競争原理がうまく作用して、全体的に効率がアップして、みんなが幸せな社会になればよかったのですが、現実に現れたのは、脱落者や鬱《うつ》になる人が増えるばかりの「孤独な群衆」の世の中でした。経済的な豊かさも遠ざかり、給与も、企業の業績も、年金をはじめとする社会保障も、まったくいいところがなくなりました。悪くなる一方です。

そうなると、組織を管理するトップのほうも、いきおい、いままでの「野放し」式のやり方に誤りがあると考えるようになってきたのではないでしょうか。

すげ替え可能な、「ミスター・スケープゴート」。

人は自由から逃げたがる。人は支配されたがる。だから、リーダーを求める。とくにいまの人びとは、自由にともなう孤独から逃れるために、なかば強引に支配されることを求めている。——というのが、ここまでの展開でした。

しかし、いまの人たちは相当「知恵」がついていますし、相当シビアな現実感覚も持っています。だから、それほど単純に、「命令してください」「支配してください」というふうにはなりません。

小泉現象を考えれば、よくわかります。面白いと思うと、ワッと飛びつきます。でも、違うと思うと、サッと退きます。一時的に飢えをしのぐだけです。へんな話、「首ったけ」みたいに見せながら、じつは心は許していない、というような飛びつき方をするのです。そのくらい「いけず」で、芯《しん》は冷静なのかもしれません。

さんざん持ち上げておいて、急に引きずりおろす。ヒートアップして、クールダウンする。言ってみれば、「焚《た》きつけ型」の民主主義というところでしょうか。

じつは私は、これが現代日本のもっとも大きな問題だと思うのですが、それを許してしまっている政治のほうにも大きな問題があって、国民の心の底にあるのは、政治に対する抜きがたい不信感や、「どうせ誰がやっても同じさ」という虚無感なのではないでしょうか。

それではなぜ、人びとは、心から信頼しているわけでもないリーダーを持ち上げ、焚きつけ、エールを送ることがあるのでしょうか。その理由について、ちょっと考えてみたいと思います。

それは、私の考えるところによると、「リーダー待望」の気持ちとはまったく別な理由によるものです。何かあったときのために「責任の所在」を確保しておこうという、ある意味では手前勝手な理由にほかなりません。失敗したときに、誰かに責任を押しつけたい、何かのせいにしたいという、いわば「王殺し」です。

たとえば、何かのプロジェクトに失敗したり、野球やサッカーの試合に負けたりしたとします。その原因や敗因がよくわからない。しかし、理由がわからないのは気持ちの悪い状態ですから、とりあえずリーダーの采配に問題があったことにして、クビを切るのです。そうすれば、とりあえずリフレッシュできる、スッキリ爽快《そうかい》に生まれ変わったような気分になれるからです。

これはとてもずるい考え方で、「リーダー」を求めているのではなく、ただ「スケープゴート」を求めているだけです。極端に言うと誰でもよいわけで、リーダーというのは、すげ替え可能な「ミスター・スケープゴート」の別名の場合もあるのです。

何かあるたびに「責任をとれ」と言って、どんどんトップを交代させていく日本の人事を見ていると、とくにそういう感じがします。

似たようなことを、二〇〇九年五月に自殺した韓国の盧《ノ》武鉉《ムヒヨン》前大統領を見て思いました。

亡くなる前、金銭的な疑惑を追及されて、彼への国民の失望は大きかったのですが、亡くなったとたん一気に同情が集まって、現政権への批判現象が起こりました。これは典型的に王殺しの心理で、「盧武鉉さんをスケープゴートにしてしまった」という後ろめたさが反転して、現政権批判というかたちで表れたのだと思います。

このように、「リーダーシップ」をめぐる民衆心理には、ただ「いけにえ」探しをしているだけというコワい可能性もあることを、念頭に置いておく必要があります。

金大中氏から学んだこと、それは、「半歩前」ということ。

では、この章の主眼であり、また、この本の最大のテーマである「半歩前」ということについて述べましょう。

「リーダーシップ」というのはビジネス書的なテーマであり、私の専門からすると、やや畑の違う試みです。にもかかわらず、このテーマについて考えることになったいちばんのきっかけは、敬愛するアジアのリーダー、金大中元大統領にお目にかかったことでした。

金氏との対談は二〇〇九年の春に実現したのですが、そのときにもっとも印象に残った言葉は、「私は民衆の半歩前を歩く」という一言でした。

一歩ではなく、半歩。ましてや十歩ではない。そこが、金氏のリーダーシップのミソです。

十歩前を行く人というのは、ドン・キホーテのような夢想家か、あるいは先に触れたような革命家や独裁者でしょう。もちろん、ズンズン先へ行くことで成功するケースもありますが、多くの場合は急進的すぎて挫折《ざせつ》しがちです。

これに対して、金氏は「半歩」と言ったのです。ぜったいに国民の手を離さず、国民がついてこなければ、「半歩」下がって彼らの中に入り、わかってもらえるまで説得して、同意が得られたら、また「半歩」先を行く、と。

それを聞いて私は、「現代」という難しい時代にふさわしいリーダーシップは、これではないかと、たいへん感心したのです。

たとえば、同じリーダーシップを考える場合でも、その時代が「混乱期」なのか、「転換期」なのか、「戦時」なのか、「爛熟期《らんじゅくき》」なのかで、ずいぶん違います。企業であれば、できたばかりの未熟な組織なのか、時間がたって成熟した老舗《しにせ》組織なのかで、求められるリーダーの姿はかなり変わるでしょう。

相手が未熟な場合は、三歩、五歩、場合によってはもっと先に行くほうがいいときもあるのかもしれません。

たとえば、ロシア革命のときの民衆は、教育もあまり受けていない貧しい農民がほとんどでした。だから、指導者は十歩先を行っていてもよかった。そのほうが「頼もしいリーダー」として、人びとに尊敬されたと思います。しかし、いまのように情報が溢《あふ》れ、知的レベルの高い社会では、十歩前に行くような人は、過激でアブナい人物とみなされます。そんなリーダーに誰も共感しないはずです。

金氏の言う「半歩前」とは、そのように現代社会のあり方をいろいろ考慮したうえでの「半歩前」なのです。

とはいえ、これは象徴的な言い方であって、実際には「一歩前」のときもあるでしょう。ときによっては、「半歩後ろ」に下がる必要もあるのかもしれません。それらを平均して、「半歩前」。

ですから、人びとの状況に応じて、世の中の「文脈」に即して、柔軟に対応していくリーダーシップ――。このようなリーダーシップが、いま、最も求められているのです。「半歩前」という言葉に関して、一つ思い出したことがあります。それは、マキアヴェリの『君主論』です。

この中で、マキアヴェリは、低い土地の風景を描きたいならば、高い山に登って見降ろさなければならない、高い山の風景を描きたいならば、低地に降りて、下から仰ぎ見なければならないと言ったのです。それと同じように、人民の本性を知るためには君主の立場からそれを見なければいけないし、君主の本性を知るためには人民の立場からそれを見なければいけない、と。

つまり、リーダーとそれに従う人びと（フォロワー）は、互いに相手の立場に立ってみなければいけない、というわけです。

次章でも説明しますが、リーダーシップというのは、リーダー一人によって単独に発揮されるものではありません。リーダーのパワーはフォロワーの影響を大きく受けます。

フォロワーによって強化されたり、制限されたりすることもしばしばあります。

ですから、「リーダーシップ」とは、結局「リーダーとフォロワーの力学的な関数」なのです。

「獄中の読書」で見つけたキーワード。

金元大統領の「半歩前」という言葉に関して、もう少しだけ補足しておきたいと思います。

みなさんもご存じのように、金氏の政治家としての人生は、けっして順風満帆ではありませんでした。日本で起こった「金大中拉致《らち》事件」はあまりにも有名ですが、朴正熙《パクチョンヒ》元大統領をはじめとするさまざまな政敵から迫害を受け、都合十年以上も獄中生活や自宅軟禁生活を送らざるをえませんでした。

金氏は、まさしく死線を越えて、大統領という最高権力にまで登りつめたのです。金氏によれば、四十年を超える政治生活で五度も殺されそうになったそうです。とくに、私にとって印象深いのはやはり「金大中拉致事件」です。ちょうど多感な学生のころでしたから、銀座の数寄屋橋公園などでこの事件の真相究明と金氏の身の安全を願ってハンガーストライキをしたことを思い出します。

拉致の後、海に投げ込まれそうになったぎりぎりのところで助かったのですから、さすがに金氏の生命《いのち》は風前の灯火《ともしび》だったでしょう。そのとき、金氏は、「神よお助けください」と心に祈ったそうで、それも、国民のためにしなければならないことがあるから神に祈りを捧げた、と知ったときは、胸が熱くなりました。

金氏は、政治家としての自らの「使命」を決して忘れることがなかったからこそ、絶体絶命のときにも、その使命が実現されることを祈ったのでしょう。その意味でマックス・ウェーバーの有名な講演『職業としての政治』の言葉を借りれば、金氏は「心情倫理」の人でした。その死をも厭《いと》わない姿は、一九八〇年の光州事件の「首謀者」として国家転覆罪に問われた軍事法廷での金氏の、淡々とした中にもどこか覚悟を決めたような表情によく表れていました。その当時、ドイツに留学していた私は、法廷内の落ち着いた金氏の表情を写真で見ながら、彼は「殉教者」として死に赴こうとしているのではないかと思ったものです。

ただ、金氏は「聖キム」にとどまっているわけではありませんでした。彼は、あくまでも政治という俗事の世界で、過酷な権力闘争の現実をしっかりと見据え、政治が結果責任であることを誰よりも知悉《ちしつ》していました。ですから彼は、つねにリアリストでもあったのです。この意味で金氏は、ウェーバーの言う「責任倫理」の政治家でもありました。

IMF（国際通貨基金）の事実上の管理下にあった韓国経済の立て直しのために、金氏は大統領として絶大な権力を行使し、金融機関の統廃合を進めましたし、不良債権を抱えた問題企業には市場からの退場を迫りました。韓国経済の再建のためには、関係機関や当事者に血の出るような犠牲を強いることも厭わなかったのです。その断固とした改革の姿勢があって、韓国経済はV字型の回復軌道に乗ることができました。もちろん、その結果については功罪相半ばするという評価もあるかもしれません。

しかし、そうした金氏の経営者的な手腕と政治家としての決断力がなかったら、韓国経済は破綻の淵をさまよっていたかもしれないのです。

金氏は、何度も死線を越えながら、ますます政治への情熱を高め、そしてそれと比例するように現実感覚を研ぎ澄ましていったわけです。

しかも、長年にわたる獄中生活や軟禁生活が重なり、まさしく怪我の功名とでもいうべきでしょうか、彼は閉塞を余儀なくされたその期間に、古今東西の、ありとあらゆる本を乱読したのです。その結果、たいへん該博な知識と、深い歴史認識が彼の中に蓄積されることになりました。

「半歩前」というビジョンは、八〇年代に投獄されていたときに想を得たそうです。

アルビン・トフラーの『第三の波』を読み、「これからの社会は情報化とソフト・パワーの時代だ」と直感したとのことです。

金氏がイメージした情報化とソフト・パワーの社会とは、どのような社会だったのでしょうか。

それは、一言で言うと、リーダーシップが発揮しにくい社会です。リーダーがフォロワーを動員して共同の目標を達成することが、成り立ちにくい社会です。なぜかと言うと、情報化が進んで「個人」が成熟してくると、アイデンティティーが多元化し、分散していくからです。アイデンティティーが分散すると、人びとは共同幻想を抱きにくくなります。共同幻想が抱きにくい状態とは、国民国家や企業組織といったものへの帰属意識が希薄になった状態、組織に対する忠誠心とか求心力といったものが揺らいだ状態です。

いまのネット社会を見れば、まさに明らかです。たとえばウィキペディアやLinux(リナックス)というOSなどは、姿の見えない膨大な匿名の人びとの英知から成り立っています。そのような社会では、リーダーが人びとを動員して、国民国家の政治目標を達成するようなことは、かつてより格段に難しいのです。

そこで、金氏は「半歩前」というキーワードを思いついたのです。

アイデンティティーが分散している以上、一つの目標に向けてすべての人を動員するのは難しい。だから、微妙に行きつ戻りつし、人びとの文脈を読みながら、柔軟にリーダーシップを発揮していくのがベストだと考えたのです。金氏は、出獄して大統領になったら、それを基本的な方針にしようと決意したそうです。

ですから、「半歩前」というのは、彼なりに時代のトレンドを読んで生み出した言葉であり、リーダーとフォロワーの関係の未来を、彼なりに直感した言葉なのです。

遠い世界の話ではない。あなたも明日、リーダーになる？

人というのは勝手なもので、「リーダーなんて形だけだ」とか、「いくらでもすげ替え可能だ」とか、言いたい放題を言うものです。そのくせ、「リーダーがいない」と不平も言います。

しかし、そのような虫のいい声の中には本音がないかというとそんなこともなく、やはり多くの人が、いま、真に信頼できる、説得力のあるビジョンを持ったリーダーを求めているのです。先行き不安で不確実な時代だから、なおさらそうだろうと思います。

また、金大中氏と度々会って、もう一つ強く感じたことがあります。それは、彼はたしかに卓越したリーダーなのですが、そうでありながら、異能の浮き世離れしたカリスマ・リーダーでは全然ないということです。

「半歩前」という言葉に象徴的に示されているように、現実的で、ある意味、庶民的ですらあります。急進的に飛んでいこうとしない「保守的」なところ――。それも、私が金氏を尊敬する理由の一つです。

これに関連して、もう一つ非常に重要なことがあります。

後でも触れますが、いまの時代のリーダーが目指すべき最大の目標は、「持続可能性」ということだと私は思うのです。単純なことですが、重要なことです。

政治家と呼ばれる人びとは、まず、その国の人びとが生きていけるようにしなければなりません。企業経営者と呼ばれる人びとは、その会社で働いている社員が生きていけるようにしなければなりません。これは基本中の基本です。

国家や組織を繁栄させることは大事ですが、数値的な利益の追求だけではいけません。人を生かすための繁栄でなければ、意味がないのです。いま求められているリーダーシップとは、そのようなリーダーシップではないでしょうか。

ですから、私はこう言いたいと思います。

いま求められているリーダーは、「カリスマ」ではありません。十歩前を行く人でもない。たった「半歩前」なのです。だから、あなたも、もしかしたら明日、リーダーになる可能性があるのですよ、と。

必要なのは超人的なパワーではなく、周囲とわずかに前後しながら、人びとを引っ張っていくようなリーダーなのです、と。

かつてとは違う、そのような形のリーダーシップが、いま、現実的になりつつあると思います。

第二章

あなたも「リーダー」になれる？

――リーダーシップ／ビジネス篇

いま、求められているのは、
「超人」的なリーダーではありません。
たとえば、何を目指したらいいのか、明確なビジョンを示してくれる上司。
将来にわたって、持続可能な成長を約束してくれる経営者。
そんな、「時代の要請」にかなったリーダーになるためには、
どうすればいいのでしょう。
私なりに「七つのリーダー・パワー」に分けて分析してみます。
リーダーシップの実践篇です。

一・多少、肉食系がいい

草食系ばかり、
だから、肉食系。

先の章で私は、いま、リーダー待望の声が強くなっていると言いました。これについてもう少し言いますと、それは、いま流行りの「草食系」なる人たちとも、多少関係しているのではないかと思います。

草食系というのは、もともと恋愛に関して出てきた言葉のようですが、それに限らず、いまの人たちを評するうえで、いろいろな点で当てはまると思います。

あなたのまわりを見回してみてください。どうでしょう。大半が妙に淡々としていて、あまり自己主張をしない草食系の人ではないでしょうか。

気が弱いわけではないのです。面倒な事態や、もめごとを慎重に回避しようとする人たちだから、平和と言えば平和です。でも、それだけに、これという事件も起こらなくて、盛り上がりに欠ける。退屈な世界の住人のように見えます。

言ってみれば、草原に羊がたくさん群れているのに、互いの交渉はなくて、みんな自分が食べるぶんだけの草を黙々とはんでいる。どの羊も、自分以外のものにコミットしない、興味を持たない、関係を持たない、ゆえに責任も持たない――。何やら不感症的な「自己完結型」の風景です。

こんな世界も、最初のうちは、「他人とは深くかかわらないに限る」とか、「平和だし、傷つかなくていいや」とか、プラスの面のほうをより評価されていたのではないでしょうか。でも、全員がそうなってくると、だんだん飽きて物足りなくなってくるのです。その結果、「肉食系」の人が相対的に魅力的に見えてきたりするわけです。

人の価値観というのは、かくも移ろいやすいもの。そのようなこともあって、私の目には、いま、草食系の人が肉食系のリーダーに向かって「私を食べてください」と言いはじめているように見えるのです。

他人に強く指令する人は久しく現れなかったので、新鮮に映ったりするのでしょう。何を目指すべきかをはっきり示してくれて、こなすべきメニューを指示してくれる。達成できたら「よくやった」と褒めてくれ、できなければ「しっかりしろ」と喝を入れてくれる。その単純明快さがいいわけです。

ただ、一言だけ言いますと、そのような人は「リーダー」というよりも、「マネジャー」的な要素が強いのです。マネジメントの能力も、リーダーシップにおける大事な要素の一つではありますが、厳密には、多少意味が異なります。後でもまた述べますが、「リーダー」と「マネジャー」は違うということを断っておきたいと思います。

「肉食系のリーダー」と言うと、たとえば大阪府や宮崎県の知事のように、最近では知事の中にも、それらしき人が出てきたようです。

よしあしを論じるのは差し控えますが、現象として見ると、きわどすぎるくらいスレスレの発言をする人のほうがウケがよくて、人びともついていっている感じがします。

私としては、あまりギラギラしているのはどうかと思いますし、悪《あ》しきポピュリズムの危うさもあるかもしれませんが、「多少、肉食系」であることは、いまのリーダーにとっては意外に重要な要素なのかな、という気もしています。

ＣＥＯ型は、もうやめる。
ビジネス界はやや「先祖返り」。

リーダーシップに関しては、「肉食系」回帰のほかにもう一つ、最近かなり変化を感じていることがあります。

それは、欧米においてこの二十年（日本においては十年くらい）、企業経営の王道とされてきた「ＣＥＯ型」のリーダー・モデルが、ターニングポイントを迎えつつあるということです。これは、ハーバード・ビジネススクールの本などを読んでもかなり如実で、私は「おや、ちょっと先祖返りを始めたかな?」と、注目しているのです。

その最大の引き金となったのは、やはり二〇〇八年に世界中を震撼《しんかん》させた、アメリカ発の金融危機だと思います。

「CEO型」のリーダー・モデルは、次のような想定に支えられていました。

企業(株式会社)の主権は、「社長」ではなく「株主」にあると考え、企業組織はキャビネット(内閣)のようなものであり、経営者は内閣総理大臣のようなものだと考えるのです。平たく言うと、「会社は経営者や社員のものではない、株主のものだ」ということです。経営者は、従業員ではなく、あくまでも主権者である株主に対して責任を負うというわけです。そして、企業の「利潤の追求」の目的は、一にかかって、株主へのリターン(配当)を多くすることにあり、株価を上げて会社の価値を高くすることが、すべてに勝る至上目的である——と考えるのです。

さらにこうした想定を支えたのは、「ストックオプション」と呼ばれる制度です。これは、役員や社員が自社株を分有する制度です。株を持っている以上、社員は、「企業に雇われている」のではなく、「企業の主権者の一人」というわけです。社員の一人一人に主役意識を持たせる点でも有効でしたし、社員の一人一人に株価アップに積極的にかかわらせる点でも有効で、一石二鳥の意味がありました。

単純に言って、株価が二倍に上がれば、自分のふところも二倍に膨れるのですから、社員のモチベーションも、いやがうえにも高まりました。このように、数値目標としても非常にわかりやすい、極度に合理的な企業経営論が、近年のグローバル経済を引っ張ってきたのです。

ところが、昨年の金融危機によって、これが完全に打ち砕かれてしまいました。

多くの社員は、自分は何のために働いてきたのかという理由を失いました。リーダーたちも、株価至上主義的な考え方は、もはや企業活動を活性化させる動機にはならないことを思い知らされました。

たとえば、小さな会社に勤めていて、業績が厳しい中、リストラの恐怖にさらされながら、毎日地べたを這《は》うように顧客回りをしている社員がいるとします。その彼に対して、社長はいったいどういう言葉をかけてやれるのでしょうか。

もはや、金銭的なモチベーションでは、彼を勇気づけることはできません。「株価が上がったら、君たちのふところも潤うんだよ、退職金も増えるから、将来も安泰だよ」などとは、もう言えません。経営者は、これまでのような金融工学的なマネーゲームでは、企業活動の意味を語れなくなったのです。

こうした風潮にともなって、いま、アメリカのビジネススクールなどでは、従来型に代わるテーゼを見つけようと必死になっている気配が見えます。その彼らも、まだ「これだ！」というストーリーは見つけきれていないようですが、こう言いはじめたことだけは確かです。

「なぜ、何のために働くのかという意味づけを、社員にきちんと示せないリーダーは失格である」と。

たとえば、「いま、ここでこうやって作っている製品が、十年後の豊かな森林を作るのですよ」とか、「いま、この労働で流している汗が、病気のおじいちゃん、おばあちゃんの心の支えになるのですよ」とか、そのようなビジョンを、フォロワーが納得できるかたちで示せなければならないのです。

このような言説は、先進的なビジネスの世界では、久しく聞かれませんでした。そこにはある種の「古典的」な趣もあって、勤労というものの原点を問う動き、と言ってもいいと思います。ですから、私は「先祖返り」と言ったのです。

「所得倍増」でなくていい、「持続可能」な「適正利潤」を。

そもそも組織というのは、生きた人間からなっている、それ自体が有機的な、生き物のようなコミュニティーです。そうである以上、その組織を経営するリーダーは、そこで生きている人びとの生命を維持し、彼らの暮らしが成り立っていくことを第一義に考えなければなりません。組織のリーダーとして人びとを動かしていく以上、当たり前のことです。

株価なんかどうでもいいとまでは言いませんが、組織の価値をすべて株価に還元して、数値の高下に全エネルギーを注ぐなど、馬鹿げています。

そしてもう一つ、私がいま、声を大にして世の経営者に言いたいのは、「適正利潤」の「持続可能」な経営です。これを第一義に考えてほしいのです。

いまや、こんな時代なのです。何も給料が倍にならなくてもいいではないですか。ほとんどの人は、そんな夢はもう描いていないと思います。

多くの社員は、「来月、給料を倍にしてあげよう」と言われるより、「平凡だけど、十年、二十年、三十年先も無事に生きていけるよう、一緒に頑張ろうな」と言われるほうが、リアルにしみじみ嬉しいのではないでしょうか。

倍々ゲームは、もういい。トントンでいいのです。

しかしこれは、考えてみれば、そもそも日本のお家芸であったのではないでしょうか。

日本的経営のいちばんいいところだったのではないでしょうか。日本のリーダーたちは、そろそろ基本を思い出してほしいと思います。

リーダーのパワーには、「ハード」と「ソフト」がある。

いま、書店にはリーダーシップに関する本がかなり並んでいるようですが、このテーマに関してもっとも有名なのは、ハーバード大学教授のジョセフ・S・ナイによる『リーダー・パワー』（日本経済新聞出版社、二〇〇八年）かと思います。

彼はアメリカの安全保障問題の専門家で、力（パワー）というものを「ソフト・パワー」と「ハード・パワー」に分けて考え、この二つを組み合わせて効果的な戦略にする能力を「スマート・パワー」と呼んで、リーダーのタイプをいくつかにカテゴライズしました。

ナイの名づけにあやかって、次の節で、私なりに分類した七つの「リーダー・パワー」を述べたいと思いますが、まず先に、彼の定義を私なりに敷衍《ふえん》しながら、パワーについて考えてみましょう。

まず、「ハード・パワー」とは何か。

これは、相手に対する威圧や脅迫、さらに報酬や誘導などによるパワーです。私なりの言葉で言えば、「暴力」と「物質的な利害」ということになります。「暴力」の代表は軍事力です。そして、「物質的な利害」の代表は金権です。ハード・パワーとは、すなわち、極端に言うと、バイオレンスとマネーであり、これらを駆使して、「相手の抵抗を排して、こちらの意思を力ずくで押しつけること」を指します。

これに対して、「ソフト・パワー」とは何でしょう。

それは、物理的な力によらない、巧みな「引き寄せ」のパワーです。すなわち「相手があたかも自分で考え、自分で決めたかのように、こちらの意思を実行させること」です。

相手をこちらの意のままに動かすためには、「人はどのような動機で行動するのか」ということを考えなければなりません。それには三つの要素があげられます。

一つは、「恐怖」です。たとえば、失業の恐怖、賃金カットの恐怖、あるいは現在の既得権益が奪われるという恐怖……。そのような不安感をあおることによって、相手をこちらの意のままに動かすわけです。

二つ目は、「利害関心」です。人事的なポスト、賄賂《わいろ》……。これにも、いろいろあります。人はすべて利害で動くという考え方はいまでも根強くあります。

たとえば、第二次世界大戦後のアメリカに、リー・アイアコッカという人がいました。現代のCEOの先駆けのような人物で、フォード社、クライスラー社を率いたスーパー経営者として、いまも伝説的に語り継がれています。彼などは典型的に、従業員を「恐怖」と「利害関心」で動員していくタイプでした。

三つ目は、「共感」です。共感の極致は、リーダーの意思と従う人たちの意思がぴったり一致する場合です。その場合、従う人びとは、自分たちの自発的な意思で行動しているかのように無理なく動きます。しかし、それは錯覚であって、じつはリーダーに巧みに操られているだけ、という場合もあります。

リーダーと呼ばれる人たちは、以上のような「ハード・パワー」と「ソフト・パワー」を、強弱をつけたり、組み合わせ方を変えたりしながら、行使します。数あるパワーのどれをメインに使うのか。どのような目標に標的を定めて力を使うのか。それらを組み合わせて効果的な戦略にする能力を、「スマート・パワー」と呼ぶわけです。

リーダーは、自分の意思を人びとに共有させるために、さまざまな仕掛けを作っていかなければなりません。露骨に言うと、「あの手この手の引き寄せ作戦」です。その巧拙によって、人はついてきたり、ついてこなかったりします。進んで力を貸してくれたり、反発して協力してくれなかったりするのです。

そこには、想像を超えた複雑なケーススタディーがあると思います。一言にリーダーシップと言っても、非常に複雑な「変数」が含まれているわけです。

恐怖も、利害関心も、共感も、いずれも固定化されていない、時代とともに変わっていく要素です。それを、世の中の状況と人びとのかかわりの中で読んでいかなければならないわけですから、リーダーシップには相当の「総合力」が必要とされます。

しかし、「難しい」「たいへんだ」とは言っても、「学習不可能なほど困難」という結論になっては困ります。

同書の解説が言うように、リーダーシップは、「天賦の才」ではなく、一部の人間だけが握れる「魔法の杖《つえ》」でもありません。もしそうならば、リーダーは世襲の王のように血筋で選ばれねばならなくなってしまうからです。

私のこの本の趣旨もそこにあります。リーダーシップは、生まれつき与えられた才能ではなく、「自分もやってみよう」という意欲、「こうあったらいいな」という理想、あるいは失敗や成功の経験——、そういったものを通して、基本的に誰もが獲得できるものでなければなりません。私はそう信じます。

では、いま、リーダーシップの本質はどこにあって、どのように発揮したらいいのか。何がポイントで、どうやったら獲得できるのか。私なりに分析したことを、具体的に見ていきたいと思います。

二．姜尚中流「七つのリーダー・パワー」

こんな時代だから、提案しよう、私流「七つのリーダー・パワー」。

まずは、「リーダーシップ」というものを語る前提となる、四つの基本的なファクターについて述べておきたいと思います。

一つ目は、言うまでもなく「リーダー」です。二つ目は、リーダーに従う人、「フォロワー」です。先にも言いましたが、この、リーダーとフォロワーの力学的な関数が、リーダーシップを考えるうえでの最大の要素となります。三つ目は、リーダーとフォロワーをめぐる状況です。そして四つ目に、これをもう少し時間的、空間的に広げて、リーダーとフォロワーが生きている社会、時代、文化、習慣、規範などがあります。

リーダーシップと言うと、一般的には、一番目と二番目、すなわちリーダーとフォロワーの関係だけに特化して語られがちですが、本来的には、三番目と四番目、すなわち、周囲の状況や環境との関係、時代や歴史、伝統の中での位置づけのようなものを、あわせて考える必要があります。

この本では紙幅の関係でそこまで広げて語ることはできないのですが、理想としては、そのような広い視野を持つことがリーダーシップ論には必要です。

それでは、私の分類による七つの「リーダー・パワー」の話に入りましょう。

一つ目は、リーダーに従う動機をフォロワーに教える「先見力」です。二番目は、それと密接にかかわる「目標設定力」です。三番目は、大衆を惹《ひ》きつける「動員力」、まさしくカリスマ力です。四番目は、人びとにメッセージを伝える「コミュニケーション力」です。五番目は組織を運営し、経営していく管理的な能力、「マネジメント力」です。六番目は「判断力」です。判断のためには知識や情報のストックが必要です。

そして、七番目が、リーダーとして最終的にもっとも問われる、「決断力」です。

その1／先見力

——リーダーは「ビジョン」を示せ。

ユダヤ人の精神科医で、ナチスの強制収容所からのサバイバーでもあるヴィクトール・E・フランクルによれば、人は過酷な状況に耐えられても、意味の不在には耐えられないものです。生殺与奪の権をナチスに握られ、奴隷以下に扱われた人びとは、自分の存在理由がわからなくなってしまいました。生きる気力を奪い去られる、冷酷非情な仕打ちでした。その結果、生きる意味が見出せなくなり、死に至る人びとが絶えなかったのです。それに対してフランクルは、生きる意味を見失わず、「意味への意志」を生きる力にすることができたのです。もちろん、彼が生きのびられたのは、偶然も作用したでしょう。でもそれだけではありません。やはり、「意味への意志」を失わなかったことが大きかったのです。

リーダーの力の一つ目は「先見力」だ——と言うと、ちょっと唐突な感じがするかもしれませんが、そんな文脈で考えてください。人は、無意識のうちにも、自分の行動に何らかの意味を見出しています。だから行動できるのです。逆に言うと、意味のない仕事に情熱を注ぐことなど、本来的にできるはずがないのです。

ですから、リーダーたるものは、自分たちの活動にどのような意味があり、自分たちの組織にどのような意味があり、そこでの自分たちの仕事の一つ一つにどのような意味があるのか、明確に意味づけできないといけません。すなわち、「ビジョン」を示せなければならないのです。この意味で、意味を付与する力は、先見力と言えるのです。

その場合のビジョンは、リーダー個人の利己的な虚栄心や権力拡大のためのものであってはいけません。企業なり、地域社会なり、国家なり、地球なり、何かしら自分が属している共同体に対する使命感のようなものと結びついていなければならないと思います。その意味では、「理想」とか「信念」と呼ばれるものに近いと思います。そして、そのビジョンが、部下や従業員、国民といったフォロワーに、具体的な絵として共有されなければならないわけです。

たとえばエコロジー的なことでもいいですし、公共的な福祉のようなことでもいい。あるいは人びとの平和にかかわることでもいいのです。難しいことですが、世の中を見わたすと、多くはありませんが、非常にうまく経営者のビジョンをアピールできている企業に出会うことがあります。

リーダーとフォロワーがともに生き生きと思い描けるようなビジョン。それは、「アイデンティティー作り」と言い換えてもいいのかもしれません。そういう意味づけの力を、リーダーは持っていなければならないわけです。

この力は、その昔は「宗教家」や「聖職者」が持っていた要素だと思います。自分たちの社会にどのような意味があって、そこで生きる自分たちに、どのような意味があるのか。

科学万能となったいまの世の中は、かつてとは違います。でも、政治の世界でも経済の世界でも、自分たちは何者で、何のために働き、生きているのかという理由をはっきりと説明できることは、リーダーの力を考えるうえで、まず第一の基本だと思います。

その2／目標設定力
――具体的に、何を目指すのか。

二番目は、「先見力」によって示されたビジョンに基づいて、その企業や組織が目指すべき「目標」を具体的に設定する能力です。

たとえば、リーダーが「われわれは、環境に負荷をかけない地球循環型の企業を目指す」という素晴らしいビジョンを持っているとします。しかし、その理想に基づいて、「いついつまでに、これこれの仕事をなしとげよう」といった具体的な目標がなければ、ただのポスター（絵に描いた餅《もち》）に終わってしまいます。

世の中がこれだけ物質的に豊かになり、しかも未来が見えにくくなってくると、いろいろな意味で目標設定が難しくなることも確かです。

かつてのように、貧しくて飢えていた時代は、目標設定もやさしかったのです。たとえば、「いまの倍働けば、給料も倍になって、家族全員、お腹《なか》一杯ご飯が食べられるようになる」などと言うことができました。

ところが、いまはそのようなことはなかなか言えません。だから、「美しい国を作ろう」というような、抽象的な目標しか示すことができないのです。具体的な目標をあげようとすると、「医療費負担を三割にします」とか、「消費税を一〇%にします」とか、マイナスの目標になってしまったりする。悲しいものです。その意味では、「目標」と「夢」が同義語であった昔は幸せだったと言えるかもしれません。

しかし、先ほど言ったように、この国ではもはや右肩上がりの成長を望むことはできません。「適正利潤」の「持続可能性」しかないのですから、リーダーはその照準に合わせた目標設定を、大いに考える必要があります。

そして、その目標が、私たちが思い描く社会のイメージと整合していれば、ずいぶん説得力を持つのではないでしょうか。

その3／動員力
——これこそ「カリスマ」の本領。

三番目は、人びとを「動員する力」です。それは「華」、あるいは「存在感」。いわゆる「カリスマ」性と呼ばれるものに、深くかかわります。この力に関しては、次章で小泉純一郎元首相について論じるときに触れますので、ここでは深入りしません。

また、この本の趣旨は、「誰でもリーダーになる／なれる可能性がある」ということですから、あまりこの力を持ち上げるのは、ひかえたいと思います。しかし、そうは言っても、なぜか人を魅了してしまう「問答無用のサムシング」を持ったリーダーというのは、やはりいるものです。

逆に、どれほど崇高なビジョンを持っていても、どれほど論理的な目標設定力を持っていても、あるいは、どれほど誠実な人柄であっても、なぜか地味で民衆を動員する力のないリーダーというのも、やはりいるものです。それは、いたしかたのないことです。

また、私たちの社会はけっこうミーハー的な傾向が強く、理性よりも感覚に従って、アイドル的なものに飛びつくケースが多いのではないでしょうか。

しかし、アイドルとリーダーを混同してはいけません。

その4／コミュニケーション力
――「キメのセリフ」を出せ。

四番目には、「コミュニケーション力」をあげたいと思います。自らのメッセージを人びとに伝える力、説得力です。

存在感があって、人を惹きつける魅力的なリーダーというのは、たとえばスピーチがうまいという特徴があります。「キメのセリフ」を出すことができて、広告代理店的なキャッチコピーが決まっています。すると、大衆へのアピール力が倍増して、人気がまた上がるという相乗効果があります。

キャッチコピーがうまい、という点で思い出すのは、やはり小泉純一郎元首相です。彼が繰り出した「聖域なき構造改革」とか「抵抗勢力」といった言葉は、一種の流行語のようになりました。

そして、もう一人忘れられないのは、田中角栄元首相です。彼の「日本列島改造」も、歴史に残る名文句の一つと言っていいのではないでしょうか。

田中角栄については、言葉は悪いのですが、私はあるときまで一種の寝業師のようなイメージを持っていました。しかし、その後、彼の言動や行動などをじっくり考察して、イメージが変わりました。いまでは、大衆とのコミュニケーションという意味においては、天才的な人であったなと思っています。もちろん、彼の功罪はしっかりと踏まえておかなければなりませんが。

このように、リーダー・パワーとしては不可欠な「コミュニケーション力」ですが、ちょっと注意しておきたいことがあります。

「コミュニケーション」と言うと、普通われわれは「相互作用」と考えがちです。しかし、この場合の「コミュニケーション」は、ときによってはリーダーからフォロワーに向かって一方的に発せられるパワーである、ということです。

たしかに、国民や住民、部下たちと意思疎通をすることは大事です。「国民の意思に従う」とか、「国民の総意において行動する」などという表現もよく聞かれます。しかし、これはある意味においては、リーダーシップがないことの裏返しでもあるのです。そしてまた、リーダーとしての責任を逃れるための口実になりかねません。「国民の意思に従う」と言って、ポピュリスト的な「波乗り」に国民の意思や世論を悪用することにもなりかねません。

つまるところ、リーダーというのは「横並びの友人」とは違い、いわば「上に立つ王様」なのです。そして、リーダーシップというのは、曲がりなりにも「力（パワー）」の一種なのです。だから、場合によってはフォロワーの意思をねじ伏せても自らの信念を押し通さなければならないのです。つまり、リーダーは、熱しやすく冷めやすい世論の「温度計」ではなく、場合によっては、むしろその「温度調節器」の役割をあえて引き受けなければならないのです。結局それが、リーダー・パワーにおける「コミュニケーション力」です。

だからこそ、リーダーというのは、最終的には孤独なのです。逆に言えば、横並びのお仲間をたくさん持っている人は、リーダーではありません。

その5／マネジメント力
――「情報管理」と「人事管理」。

五番目は、「マネジメント力」です。マネジメント力とは、管理や運営の能力です。

この力を持つ人は、どちらかといえば派手なパフォーマンスが苦手で、真面目型、官僚型のリーダーが多い日本の社会では、よく見られるタイプと言えます。

管理能力と一口に言っても、管理する対象は多岐にわたります。一つ一つあげはじめるときりがないのですが、ここでは現代の時代状況にかんがみて、とくに「情報」の管理能力と「人事」の管理能力の二つをあげたいと思います。

まずは「情報」管理です。

いまの社会ほど情報力というものが決定的な意味を持っている社会はありません。リーダーのマネジメント力においても、情報管理能力は必須です。

ポイントを絞って言うと、情報にはおおむね三種類あります。一つはメディアを介さない、限られた情報源から得られるインサイダー情報です。非常に貴重な極秘情報であることが多く、収集や管理に意を砕く必要があります。二つ目は、誰でも入手可能な有料情報です。これに関しては、どのくらいコストをかけてどの程度収集するかという点が、経営戦略上重要でしょう。そして三つ目は、インターネット上の「Web 2.0」に代表されるような匿名の情報です。信憑性《しんぴょうせい》などを含めた扱い方がポイントになるかと思いますが、こうした情報も侮れません。

次に「人事」管理です。

組織運営において、「人をいかに使うか」が重要なのは言うまでもありません。最近のサラリーマンたちの話を聞いていても、話題は人事的なこと――、たとえば人の配置だとか、上司と部下の関係の話だとか――に、ほとんど尽きているような気がします。それくらい、人事というのは悩ましく難しい部分なのでしょう。

人を使う力は、リーダーの重要なマネジメント力の一つです。逆に言えば、部下の能力を見抜けないリーダー、部下を使いこなせないリーダーというのは、やはり最悪なのだろうと思います。

第四章でも触れますが、人使いという点に関しては、金大中元大統領に興味深い逸話があります。

ご存じのように、金氏は何度か暗殺の危機に遭遇しているのですが、彼は大統領になって組閣した際、かつて敵だった人物を、自らの執行部の重要スタッフに加えたのです。

理由は、相手の実力を認めたからです。リーダーとして金氏が卓越している点は、たとえ「昨日の敵」であっても、仕事のうえで有益と見なせば、「今日の友」として正当に評価する点です。「私は敵でも使う」というのが、金氏の信条の一つなのです。

最近の日本のリーダーの多くはこのあたりをはき違えていて、「イエスマン」ばかりを集めようとします。そのほうが組織運営がスムーズにいくと思い込んでいるのです。これは大きな誤解です。個人的な好悪の情を超えて、敵対している人間であっても、目標を達成するためには適材適所に使う。それこそが、真に優れたリーダーです。

日本でも、野球の名監督と言われた三原脩《おさむ》さんに名言があって、彼は「アマは和して勝つ、プロは勝って和す」と言いました。つまり、プロの場合、「勝つ」という目的のためには、メンバーは喧嘩してもいいのだということです。むしろ、仲良しチームでやっていると、必ず「組織は腐る」と戒めました。

そして、最後にもう一つ、この「マネジメント力」について補足しておきます。それは、この力は重要な力ではあるけれども、リーダー・パワーにおける最大のパワーではないということです。

なぜことさらにそう言うかといいますと、先ほども触れましたが、日本では「リーダー」と「マネジャー」が混同されがちだからです。この二つは質的に違うのです。

もっとも大きな違いは、やはり、「先見力」の部分だと思います。すなわち、自分たちの活動にどういう意味があるのか、それを指し示すことができるビジョン設定の力です。これがあるか、ないかです。

リーダーの力量は、ビジョンを提示できるかどうかにかかっていますが、マネジャーの場合は、それは問われません。ビジョンをどうするかという答えはすでに用意されていて、そのための管理や運営をどうするか、という場合に発揮されるのがマネジャーの能力です。

その6／判断力
――「生もの」と「干もの」のインテリジェンス。

六番目は「判断力」です。判断力の源泉となるのは、リーダーの見識、すなわち知性（インテリジェンス）です。私はこれを大きく二つに分けて、「生もの」の知性、「干もの」の知性と呼んでいます。

生ものの知性とは、いま、刻々と動いている現実の活動の中から得られる、経験則や生きた知識です。あるいはそれに基づくところの状況判断力です。

十年くらい前にヒットした映画『踊る大捜査線』の中で、「事件は会議室で起きてるんじゃない、現場で起きてるんだ」というセリフがありましたが、そのような現場知識、といったら、近いでしょうか。

先ほども言いましたように、リーダーシップというのは、硬直した概念ではなく、リーダーと、それに従うフォロワーとの力学的な関数です。ゆえに、ある状況のときには正解とされた答えが、別の状況においては誤りになってしまうこともあります。そのときどきの状況を読みながら柔軟に修正していかないと、リーダーシップは、すぐに陳腐化するのです。

たとえば、ある企業の業績がよくて、非常に上昇気流に乗っているように見えるとします。しかし、社会の全体状況は収縮傾向にある。そのとき、そのまま拡大路線で行くのがいいのか、大事を取って縮小路線で行くほうがいいのか。

どうするのがいちばんいいのかという解答は、状況によって変わります。そして、そうした際に、最大の判断材料となるのが、そこにいる人、場所、時代などから読み取っていく「生もの」の知性なのです。

一方、こうした現場的な判断力の対極にあるのが、「干もの」の知性です。

書物に学ぶような学問的なインテリジェンスで、これを私は「人文知」と呼びたいと思います。たしかに事件は現場で起こっているので、ライブな判断力は重要なのですが、そのときに干ものの知性も持ち合わせていると、鬼に金棒になるわけです。

たとえば、「人間の営為」というものに対する基本的な理解とか、「社会や組織の合意形成の仕組み」といったものは、長い歴史の中で培われてきたものですから、生ものの知性だけでは判断できにくい場合があります。言ってみれば、モノサシが足りないのです。そのあたりの不足を補うためにも、やはり干ものの知性はぜひとも必要だと私は考えます。

再び金大中氏の話になりますが、彼が優れたリーダーであった理由の一つは、たいへんな読書家で、政治家としてはダントツに干ものの知識を持ち合わせていたという点にあります。

一言に「人文知」、干ものの知性と言っても多岐にわたります。たとえば文学、歴史学、民俗学、民族学、あるいはカルチュラルスタディーズのような学問もあります。これらは従来、政治や経済にはあまり関係ないと言われてきたのですが、実際にはそうでもありません。

真に優れたリーダーは、未知の状況に遭遇したとき、問題解決のヒントをこれらの知性の中から抽出できます。つまり、チューニングができるのです。これも、リーダーにとっては重要な能力の一つではないかと思います。

私がなぜこの点にこだわるかと言うと、生ものというのは、刺身の魚を考えるとよくわかるように、たしかに新鮮ですし、おいしいのです。でも、腐りやすいし、あたることも多い。これに対して、干もののほうは、獲れたてではないけれども、あたりません。そして、長い時間をかけて熟成されているぶんだけ「うまみ」、つまり普遍的な叡智《えいち》が詰まっています。

このように思うのは私だけではないようで、最近、ビジネス書などを見ていると、「いま何を読むべきか」「この本に学べ」というような読書特集に、けっこう出会います。そろそろ古典回帰が始まっているのではないでしょうか。

生ものと干ものの両方の知性を組み合わせてこそ、リーダーの判断力は無敵になります。

ちなみに、ちょっと皮肉を込めて言いますと、私は、日本のいまのリーダーたちにいちばん欠如しているのは、じつは、この部分ではないかとひそかに思ったりもしています。

「書を捨てよ、町へ出よう」というのは寺山修司の言ですが、私は、「書を持って、町へ出よう」と言いたいと思います。

その7／決断力
――「孤独」に耐える精神力。

いよいよ最後の「決断力」です。これが、現代のリーダーにとって、もっとも問われる能力だと思います。

決断することは非常にきついことです。と言うのは、たいへんな精神力を求められるからです。

リーダーと呼ばれる人びとは、さまざまな資源を用いながらフォロワーを率いて、何かの目標を達成しようとしています。その過程においては、必ず苦しい決断の場面に出くわします。決断を迫られるということは、正解がわからない状態です。多くの場合、そこには数学的な正解はなく、定論もありません。と言うよりも、正解がないから、「どうするんですか」と、決断を迫られるわけです。判断力は、生ものと干ものの両方の知性から成り立っていますが、それらを駆使しても正解がわからない、ギリギリのところでどちらを選ぶべきか決定する胆力、それが決断力です。

たとえば、ある企業に合併話が持ち上がりました。はたして合併するほうがいいのか、しないほうがいいのか。あるいは、ある部門から撤退して、別の部門に資本を集中したらどうかという話が出ました。はたして撤退するほうがいいのか、しないほうがいいのか。前例がなく、状況も複雑、先行きは不透明で、判断に迷うところです。

もっと、極端な例も考えてみましょう。

旅客機がハイジャックされました。飛行ルートからは政治の中枢機関がある首都を目指しているとも見られます。搭乗者名簿に記録された犯人とおぼしき人物の経歴や背後関係からは、政治の中枢機関が入ったビルに突入する可能性が高いと考えられますが、呼びかけにも応答がない状況で、犯人の要求は不明、断定はできません。もし飛行機がビルに突っ込めば、国家の機能は壊滅状態になります。飛行機が首都圏の上空に到達するまでに、あまり時間が残されていません。どこかで撃墜するとしても、飛行機には罪も無い一般の人々が大勢乗っており、いまからでは墜落地点も含めて甚大な被害が予想されます。さて、この飛行機に対して撃墜命令を出すべきか否か。

これらのどれにも、絶対に正しい答えというものは、用意されていません。時限爆弾を解体するとき、赤と青の二本のコードがあって、どちらかを切らなければいけない。さて、赤か青か、というのと同じです。映画などでときどき見かけるような、不可知論的な選択なわけです。

むろん、このようなときでも、リーダーはまったくの無力ではありません。いままで六つの力を述べてきましたが、たとえば知的なストックや人事力、民衆の人気などを背景に、ある程度解決することはできるでしょう。しかし、それでもどうしようもない選択の場面も、やはりあるのではないでしょうか。どれだけシミュレーションしても答えが出ないことは多いと思います。

それでいて、その後、その選択が「間違っていた」と見なされたら、やはり糾弾されるのです。リーダー失格だ――と。

つまり、「パワー」を持つということは、単純に「強い」ということを意味するのではないのです。単に「権力を手にする」ということではないのです。たいへんな「リスク」を負うことであり、それだけに救いがないのです。それはすなわち「孤独」ということです。その「孤独」とは、第一章で述べた、自由になりすぎたために人びとにもたらされた「孤独」でもあり、リーダーはそれを人びとから引き取って背負わなくてはならないのです。

その意味で、リーダーの最終的な力量は、どれだけ孤独の重責に耐えられるかという、「孤独力」と言ってもいいのです。

たとえば、業績の悪化により、やむなくある事業を清算して、何割かの社員をクビにしたリーダーがいたとします。そのリーダーも、好きでやったわけでなく、より多くの社員の雇用と賃金を守るための、やむをえない選択だったとします。しかし、そうした場合でも、クビになった社員からは恨まれるに違いありません。

でも、このリーダーに確たる信念と、より大きな理想があって、それが多くの社員たちに伝わっていれば、大局的に、長い時間軸の中では、やはり支持されるのではないでしょうか。一時的には何らかの責任をとらされるかもしれませんが、それでも最終的には評価されるのではないでしょうか。

つまり、彼が一貫して抱きつづけてきたビジョン、仕事に対して行ってきた意味づけ、描きつづけてきたストーリーに力があれば、やはり究極的には人はついてくると思うのです。

そこに、孤独なリーダーシップにおける一抹の救いがあると、私は思います。

また、孤独に耐える力があるからこそ、フォロワーを説得するコミュニケーション力や、人びとを惹きつける魅力も生まれるのです。

むしろ、仲良しチーム的な人事によって自分の任期だけを無難に過ごし、誰にも恨まれず、何事もなさないようなリーダーほど、つまらないリーダーはいません。おそらくそういうリーダーには、最終的には誰もついてきませんし、後からも評価されないと思います。すなわち、「あの社長は、ぜんぜん存在感なかったよね」と。

「赤いコードか、青いコードか」のような究極の決断のとき、おそらく、リーダーの「本性」が露呈します。そして、本性が露呈したその瞬間に、リーダー自身のリーダーシップが、フォロワーに裁かれます。

しかし同時に、責任をとれないとわかっていてなお決断することが、責任をとることになる場合もあるのではないでしょうか。逆説的ではありますが、その行為が感動を呼び、フォロワーからの支持につながるとも言えます。

だからこそリーダーには、初志貫徹、首尾一貫した信念のようなものが、必要なのだと思います。私はそこに、究極のリーダーシップの美学を見出したいと思います。

第二章

「見てるだけ」ではダメです

――リーダーシップ／政治篇

第三章　「見てるだけ」ではダメです――リーダーシップ／政治篇

数年前、日本中を興奮の渦に巻き込んで、風のように消えた、
小泉純一郎という首相がいました。
もうすでに「過去の人」となった感がありますが、
この〝独特〟にして〝稀代のトリックスター〟を考察するとき、
日本におけるリーダーシップの一端が見えてきます。
たしかに、「小泉劇場」は見ているだけで面白かった。
でも、見ているだけでは何も変わりません。
「リーダー」という言葉を死語にしないために、
いま、新しい土壌作りを始めましょう。

※「トリックスター」＝トリック【詐術】を駆使するいたずら者

一・何だったのか、「小泉劇場」

いまも忘れ難い、
あの日のスクランブル交差点。

二〇〇一年四月の、渋谷駅前のスクランブル交差点。あの日の光景を、いまでも私は忘れることができません。道路も歩道橋も駅舎も周囲のビルも、人、人、人の黒い絨《じゅう》毯《たん》に埋めつくされ、歓声の渦の中に、やや絶叫調の例の調子が響きわたっていました。

そうです。小泉純一郎氏が街頭演説に来たのです。

それからしばらく続いた、小泉ブーム。彼の行くところ行くところ、まるでスターが

「ゲリラライブ」を行ったときのような大騒ぎでした。内閣支持率は、発足後しばらくは八〇％前後をキープし、局面、局面では、それ以上に跳ね上がったのですから、驚きです。

街角にポスターを貼《は》ると、はがされて持っていかれるなどというのも、小泉氏が初めてだったと思います。携帯ストラップ、キーホルダー、コップ、タオルといったグッズが次々に作られ、バカ売れしたのも、この人ならでは。歴代首相の中で、このような「アイドル」的な扱いを受けた人物は、一人もいなかったのではないでしょうか。

小泉氏に関しては、毀誉褒貶《きよほうへん》もずいぶんあります。しかし、注目すべき人物であることは確かだし、やはり真面目に考察すべき対象だと思います。

何も、彼個人の能力や資質を云々《うんぬん》しようというのではありません。現象として考えてみたいのです。なぜなら、彼をめぐって起こった狂騒曲を考えるとき、逆照射的に、この国におけるリーダーシップを解くためのカギが、浮かび上がってくるような気がするからです。

小泉氏は、近年にしてはかなり長い、五年半という任期を務めたのち、二〇〇六年九月に政治の表舞台を降りました。

私が見るところ、彼は自分のまわりをひっかきまわしただけでなく、自分の後にも、大きな置き土産をしていったようです。それは、「ポスト小泉」ということです。

小泉氏の後には、安倍晋三、福田康夫政権が続きましたが、どちらも支持率はいまひとつで、立てつづけに「政権ぶん投げ」のような事態が起こりました。

その後を継いだ麻生太郎内閣もイマイチ感が拭いきれず、結局、解散のタイミングを逸したまま、「追い込まれ解散」を決断せざるをえませんでした。

これらはやはり、人びとが小泉純一郎という人の強烈なインパクトと比較して、次の登場人物を見るようになったためではないでしょうか。小泉氏が登場する前と後では、国民の反応が変わってしまったのです。

小泉氏ののち、それでも自民党政権は、微温的ながらとりあえず三年ほど永らえました。別の言い方をすると、「漂流」しながら三年ほどもったのです。しかし、さすがにその耐用年数にも終わりが来ました。

「劇場」に現れた、稀代のトリックスター。

小泉政治の最大の特徴は、「劇場型政治」だったということです。人びとの注目を一身に浴びながら、永田町で、メディアの中で、あるいはインターネットのHPの中で、自分の権力の基盤である自民党を競技場（アリーナ）にして、「抵抗勢力」に立ち向かう「改革勢力」というパフォーマンス政治を行いました。

大衆によく見える政治をする、と言っても「密室政治」の対極にある「ガラス張りの政治」という意味ではないところに、小泉政治の「罠《わな》」があります。彼の政治は「小泉劇場」と称されましたが、まさにそのとおりと言えましょう。

舞台の中央で主役を演じる彼は、「スター（役者）」です。しかも、ただのスターではありません。「トリックスター」でした。

トリックスターとは、神話や伝説に出てくる、言ってみれば「お騒がせ」的な存在です。あらゆるいたずらやわるさをして周囲をお騒がせする、摩訶《まか》不思議な妖精《ようせい》――。詐術的な機智や身体的な敏捷《びんしょう》さで既存の権威を愚弄《ぐろう》し、秩序を混乱・破壊する一方、人間界に知恵や道具をもたらす両義的な存在、それがトリックスターです。

もちろんトリックスターは、迷える民を救ったり、行く手を導いたりする救世主ではありません。

見ている人たちも、最初はそれがわかりませんでした。本人も、ひょっとすると自覚がなかったのかもしれません。しかし次第に、本性を現していったのです。

先に私はリーダーの「七つの力」について述べましたが、これに当てはめて言うと、彼が持つ力は「コミュニケーション力」と「動員力」の二つということになります。この二つくらいしか思いつきません。しかし、逆に言うと、この二つには強力に「ヒット」するということです。そして、この要素こそ、すなわち「カリスマ」だと言うこともできるのです。

ちなみに、日本の政治家では、このタイプのリーダーは珍しく、私の見るところ、小泉氏のほかには、田中角栄元首相しかいません。その意味では、小泉氏が登場した当初、娘の田中眞紀子氏が彼に肩入れしたのも、ゆえなきことではなかったわけです。

この二人はたいへんよく似ています。ただ、田中角栄の場合は当時の時代相もあって、典型的な「地方型」の政治でした。これに対して、小泉氏は非常に「都市型」の政治を行いました。情報化が進み、メディア・ポリティクスが全盛になる中で、小泉氏はきわめて現代的なドラマツルギーを創出することができたのです。

ちなみに、「男に二言はない！」というような根拠の無さで自分の意見を押し通す、という意味においては、小泉氏のリーダー・パワーの中には、「決断力」を加えてもいいかもしれません。彼の場合は、とりわけ、「熟慮を重ねた決断」というより、「直感的な決断」だったと思います。

しかし、――と言うのでしょうか、だから、と言うべきなのでしょうか――、彼のやることには、判断の論理的根拠や、責任の概念がともなっていませんでした。自衛隊のイラク派遣に関しても、靖国問題に関しても、彼は結局、後始末というものをほとんどしていません。

小泉氏が抜群の存在感を持っていたことは認めますし、ときには素直に讃《たた》えたいと思うことすらあります。けれども、総理大臣としての彼の実績は、結局どこにあるのでしょうか。

強いて言えば「郵政民営化」です。しかし郵政民営化は、この国の政治の最優先課題だったでしょうか。郵政が民営化されたことによって、「小泉さん、ありがとう！　おかげで助かった！」とよろこんだ国民がどれほどいたでしょうか。きわめて疑問です。しかも、小泉氏は有権者にとってさほど優先順位の高くない「郵政民営化」という単一の争点で、圧倒的多数の議席を獲得することになりました。ポスト小泉の三代にわたる政権は、いわばこの「財産」にしがみつくことで何とか政権運営をはかってきたのです。その意味ではこれらの政権そのものが「小泉チルドレン」と言えるかもしれません。

「何とかならないのか！」の、最終兵器。

先の章で、私はリーダーシップというのは、「リーダーとフォロワーの力学的な関数である」といいました。そのとおり、リーダーシップのパワーは、リーダー単独によって発揮されるものではなく、フォロワーとの関係の中で発揮されます。

そして、もっと言えば、リーダーと呼ばれる人物は、単独でいきなりこの世に登場してくるわけではありません。ある意味、フォロワーと呼ばれる人びとの求めがあってこそ登場するのです。

小泉純一郎という人も、例外ではないはずです。では、彼は、どのような時代の、どのような人びとの要請を受けて、現れたのでしょうか。

それは、言ってみれば、自民党というきわめて日本的な政党の政治の末期症状の中に、事態打開の「救世主」として、と言いたいところですが、「最終兵器」のようにして出てきたのです。

政治が押しても引いても動かせないどうにもならない閉塞状況に陥ってしまったために、それを打開する「最終兵器」として出てきたわけです。

戦後自民党の歴史については次節で改めて述べますが、この党が「政党」として内部に持っていた派閥の力学のようなものは、一九八〇年代の竹下登政権のころには終焉《しゅうえん》を迎えて、それ以降は、いわば「家庭内の兄弟喧嘩」のような状態が繰り返されていました。

それは、けっして褒められた状態ではありませんでしたが、国民のほうも、あるときまで「まあまあ」と言いつつ見過ごしていました。なぜかと言うと、現実の生活にあまり切迫感がなかったからです。みんなとりあえず生きられて、命に別条はなかったからです。だから、「誰がやってもいいさ」でパスしてきたのです。

ところが、バブルが崩壊し、とくに不況に拍車がかかった九七年以降は、「誰がやってもいいさ」というわけにいかなくなりました。福祉、雇用、年金、医療など、すべてにおいて、まさに「お先真っ暗」になりました。すると、もう「誰がやってもいいさ」ではすみません。それにもかかわらず、いつまでたってもリーダーらしいリーダーは現れず、これという打開策も出されませんでした。

戦後の歴史の中でも、たとえば第一次石油ショックや第二次石油ショックなど、何度か「経済危機」と呼ばれる状況が起こったことはあります。しかし、九〇年代後半以降のあの「失速感」あるいは「先行き不安感」というのは、おそらく誰も味わったことのない恐ろしさだったのではないでしょうか。仕事がなくなる、給料が減る、蓄えが減る、子供が育てられない、医者にもかかれない、病気にもなれない……。それなのに、出されるのは、「道路工事を増やしてみるか」とか「銀行に資金を入れてみよう」といった、的外れな、あるいは国民感情を逆撫《さかな》でするような政策ばかりでした。

そのような次第で、人びとの中にイライラが募っていき、「何とかならないのか！」と不満もそろそろ限界となったときに、小泉氏が現れたのです。

リーダーとフォロワーのパラサイト。
互いに見た「白日夢」。

首相として登場まもないころの小泉氏は、「日本にもまだこんな人がいたのか」と、びっくりするくらいインパクトがありました。少々「戯画」的と言えるくらい、さっそうと際立っていました。大げさに言えば、ダイヤモンドの原石が一気に輝き出したような雰囲気があったと思います。

とくに、小泉氏の前が、小渕《おぶち》恵三内閣、森喜朗内閣という印象の薄い政権だったために、なおさらそんなふうに見えたのでしょう。だからこそ人びとも、「今度こそ何かやってくれそう」と期待したのです。

しかし、小泉氏はとても派手で、いかにも「何かやってくれそう」なムードをかもしたけれども、結局ほとんど何もやらなかったのです。

最初からやる気がなかったのか、結果的にできなかったのか、とりあえず「波乗り」だけはしてみようと思って登場したのか、それはわかりません。

しかし、その「サーフィンをしに来た人」を、民衆はやんやの喝采で迎えたのです。ですから、私は小泉現象というのは、結局、「リーダーとフォロワーの力学的な関数」というよりも、「リーダーとフォロワーのパラサイト」であったと思うのです。実際にはまったく違うことを考えているのに、まるで相思相愛であるかのように寄生しあって、互いにあらぬ夢を見た。そんな珍妙な現象が、あの日、一瞬、白昼夢のように起きてしまったのだろうと思うのです。

さらに面白いのは、当時、彼の中に「何かやってくれそう」な夢を見たのは、一般国民だけではなかったということです。

テレビ討論などを見ていて驚いたのは、たとえば民主党のライバルなどが彼と話しているうちに煙に巻かれ、「エールを送る」格好になって、壇上を降りたりしている図を何度も見かけたことです。

つまり、小泉純一郎という人物の中に、右も左も、いままでとは違う何かを見たのです。みんなが、何かを変えたいという願望を、小泉氏の中に投影したともいえます。そして、小泉氏は、そんな人びとの欲求不満を本能的に見抜くことができた人なのです。しかし、彼は、「あなたたちが望んでるのは、これでしょ？」と、シルクハットの中から花――何の実体もない「手品」の花――を取り出してみせただけだった。

結論から言うと、私は、小泉氏のリーダーシップは、厳密には「リーダーシップ」とは言えないような気がしています。強いて言うとしたら、トリックスター型のリーダーシップと呼ぶべきです。

トリックスターは、自らの行動に意味づけしたり、孤独に耐えて責任をとったりしません。というよりも、そもそも、トリックスターはリーダーになることを目指しているわけではないのです。

自民党最後の「延命装置」？ 旧来型派閥政治のニューバージョン。

小泉氏の政治についてよく言われるキーワードに、「ワンフレーズ・ポリティクス」というものがあります。彼はある種、広告代理店的なキャッチコピーの妙手でもありました。

いろいろな名文句（迷文句？）がありました。たとえば、「三方一両損」とか「抵抗勢力」とか……。聞いたところによると、某大手広告代理店から、いろいろとアドバイスをもらっていたそうです。

「抵抗勢力」といっても、大きな主義主張で対立している「政敵」などではありません。自分の意見に反対する人びとをそう呼んだだけで、所詮《しょせん》は同じ自民党のチームメイトです。本来なら「反対派」くらいでいい。しかし、名づけというのはときに侮りがたい魔力を発揮するものです。小泉氏に抵抗勢力と呼ばれた人たちは、国民の目には、何か大悪党のように映ったのではなかったでしょうか。

そして、もっと有名な文句がありました。それは「自民党をぶっ壊す」。

これは、なかなかすごいと思います。なぜなら、日本の数ある政治家の中で、自らのよって立つ権力基盤を「ぶっ壊す」などと言った政治家はいません。小泉氏だけです。

しかし、湖のスケートリンクではないけれども、自分が立っている足元の氷を割ったら自分も溺《おぼ》れてしまうのです。ぶっ壊すなんてありえません。ゆえに、これは言語矛盾であり、「言葉のあや」なのです。「抵抗勢力を排する」という言葉を十倍大きくして、「自民党をぶっ壊す」と言い換えただけなのです。

とはいえ、世界を見れば、このセリフはあながち空想でもありません。ロシアのエリツィンも、共産党をぶっ壊しました。だから、小泉氏も「日本のエリツィン」になってもおかしくなかったわけです。

ところが、彼は自民党をぶっ壊すどころか、結果的には自民党の寿命を延ばしてしまいました。そう考えると、じつは、小泉政治は、旧来の自民党型派閥政治の完全否定ではなく、むしろそのニューバージョンだったのではないでしょうか。

小泉純一郎という「変人政治家」が、自民党総裁に選出されたのは、旧田中派の流れを汲む経世会という、最大派閥の機能不全がキッカケでした。要するに、地方に利益を還元する利益配分装置がうまく働かなくなり、自民党の集票マシーンがやせ細っていく中で、その危機の中から「異端的な」政治家・小泉純一郎にお鉢が回ってきたのです。

小泉氏が所属していた町村派は、今日では自民党内の最大派閥ですが、その前身はどちらかというと、旧田中派や経世会さらに大平派や宮澤派といった、自民党の保守本流からみると、岸、福田、安倍、森といった傍流的な派閥の流れを汲んでいます。

それでは、なぜそのような傍流的な派閥が、最大の勢力を誇るようになったのでしょうか。

パイの増大を前提とする成長の時代が終わり、むしろ憲法や安全保障、国のかたちや教育勅語の復活といった、どちらかというと、国家のプライドやイデオロギーが争点になるにつれて、小泉氏の所属派閥が、大きな勢力を持つようになったのです。利益誘導政治のカナメに位置せず、むしろ傍流に甘んじながらも、イデオロギー優先の政治課題を押し出していた派閥に出番が回ってきたのです。

稀代のトリックスター的なリーダーである小泉純一郎といえども、そのような派閥の後押しがなかったら、首相の座に登りつめることはできなかったはずです。自民党は、そのような派閥政治の「鬼子」のようなトリックスターを押し立てることで、勢力を挽回することに成功したのです。

とはいえ、その自民党も、今日ではさすがに行方がわからなくなってきたわけですから、もしかしたら近い将来、彼は「自民党の最後の延命装置となった男」というキャッチコピーで、振り返られることになるかもしれません。

「記録より記憶」の政治家。社会がこうむった後遺症。

いまでも、みなさんの中には、小泉氏の記憶がいろいろな形で残っていることと思います。私もいろいろなシーンが浮かびます。しかし、思い出してみると――、何か雑誌のグラビアページのような記憶ばかり。

みなさんがまず思い出すのは、どんな場面でしょうか。

二〇〇一年の大相撲夏場所で、横綱貴乃花が怪我をしながら優勝したとき、「感動したっ！」と叫んで表彰状を授与したときでしょうか。

あるいは、ブッシュ大統領との仲むつまじいシーンでしょうか。親しげにキャッチボールをしてみたり、東京・西麻布の居酒屋で食事をしてみたりといったシーンでしょうか。

あるいは、「日本的な働きバチはダサい」と言わんばかりに、夏に「ロング・バケーション」をとったことでしょうか。あるいはX JAPANのフィルムコンサート？　オペラに蘊蓄を傾ける姿？

それよりも、もっと単純に、あのヘアスタイルがよかったなんて言う人もいるかもしれません。

彼はそういう演出にかけては、芸能人なみに上手でした。そうしたことも、広い目で見れば、大衆政治家としての才能の一つではあるのでしょう。

しかし、医療費はどうなったでしょうか、年金はどうなったでしょうか、雇用の問題はどうなったでしょうか。深刻な問題は、結局ほとんどすべて先送りされました。

小泉氏も、政権末期はいいことばかりではなかったと思います。批判も増えましたし、支持率も下がりました。

でも、やはり、小泉氏は最後まで小泉氏でした。

たとえば、消費税アップの話が持ち上がったときの彼の返答には、唖然《あぜん》としました。

「自分が首相の間は、消費税は上げません」。

「エッ、じゃあ、あなたがやめた後は上がるんですか」と、言いたくなります。しかし、このようなひどいセリフを悪びれもせずに吐くところが、この人のすごいところだったといえるのかもしれません。

また、そのくらいに「宇宙人」だから、いまでもみんなの「記憶」に残っているということも事実でしょう。

けっして持ち上げるわけではないのですが、「記録より記憶」という言葉があって、それも真実ではあるのです。野球で言うと、小泉氏は清原和博選手に近いと言えるかもしれません。清原選手はあれだけ注目されつづけたのに、かつての王選手や落合選手と較べれば目ざましい記録を残しているわけではありません。しかし、華があって、人気があって、スタジアムに登場すると観客はいつも沸いたのです。

次章で金大中氏との対話を取り上げますが、金氏は大きな「決断」をするとき、「三度考える」そうです。頭の中で三度シミュレーションして決める。そのようにして徹底的に熟考するから、迷わないのだそうです。

これに対して、――私の想像ですが、小泉氏は、何事もたぶん一度しか考えないのではないでしょうか。えいや、で行く。それでも、迷うことがないのではないでしょうか。

しかし、それでいて、どちらがいい結果をもたらすかわからないときもあるのですから、政治というのはわからないものです。

加えて、小泉氏にとって非常に幸運だったのは、アメリカと波長が合ったということでしょう。ブッシュ大統領との仲むつまじい姿は、かつての中曾根康弘首相とレーガン大統領の「ロン・ヤス外交」をどこか彷彿《ほうふつ》とさせました。

当時のブッシュ大統領は九・一一テロの後の、いちばん支持率の高いころだったからよかったのですが、もし、その後の支持率急落の時期に当たっていたら、小泉氏もどうなっていたかわかりません。また、小泉氏が首相になったのが、オバマ氏が大統領になった後だったら、どうなっていたかわかりません。

そう考えていくと、小泉氏にとっては、いくつかの僥倖《ぎょうこう》が重なったわけです。「運命が彼に微笑《ほほえ》んだ」のです。

不思議なことに、歴史の中にはそのようなことが、ときおり起こります。

ともあれ、それやこれやを考えていくと、小泉純一郎という人はつくづくラッキーな人だったと思います。

ただし、政治は結果責任で判断すべきであるとすると、彼が残した負の遺産はあまりにも大きいと思います。格差や貧困の問題は言うまでもなく、地域社会の疲弊をもたらしましたし、何よりも社会の絆や社会保障を台無しにしてしまいました。

改革を進めるならば、同時にセーフティネットをしっかり張りめぐらしていく必要があったのに、それを怠ったために、社会そのものが傷んでしまったのです。その後遺症はいまも続いています。

二、土壌を作ろう、参加しよう

ホッブズもびっくりの「リヴァイアサン」、世界に冠たる「一党支配」。

それでは、小泉氏個人の話から範囲を広げて、彼というトリックスターを登場させた自民党の戦後史、そして、今後の政治のリーダーシップの可能性を、もう少し、展望してみたいと思います。

そのためには、一九四五年の敗戦と、それ以降の歴史の流れの中での、この国のリーダーシップというものを考える必要があります。

まず、みなさんに虚心になって、日本の戦後政治の形を思い浮かべてほしいと思います。一つ、たいへんな事態に気づかないでしょうか。そうです。日本ではごくわずかな時期を除いて、「自民党」というただ一つの政党の中から（もしくは自民党連立政権の中から）、リーダーが選ばれてきたのです。

中には、慣れっこになっていて、「そんなの普通じゃないか」くらいに言う人もいるかもしれません。しかし、これは異常事態で、自由主義陣営のどこを見わたしても、ほぼ半世紀以上にわたって、ある特定政党が覇権を握りつづけた例は稀です。

自民党は事実上、ほぼ半世紀以上にわたって政権の座についていたのですから、「普通」どころじゃない。コモンウェルス（国家）を「リヴァイアサン」という怪物になぞらえた、あのトマス・ホッブズもびっくりの事態なのです。

この日本も、戦前はそうではありませんでした。政党もある程度分立していましたし、枢密院や貴族院というものもありました。また軍部という強大な組織もあり、その軍も、海軍と陸軍に分かれていました。いろいろな権力のシーソーゲームがあったのです。

しかし、戦後はそうではなくなりました。自民党というたった一党が、「リヴァイアサン」のように、存在感をどんどん増していったのです。

また、おかしなことに、自民党の存在感が増すほどに、その党首であり、すなわち内閣総理大臣であるリーダーは存在感をなくし、ある種「透明人間」化していきました。

ここで思い出すのは、アントニオ・グラムシというマルクス主義の思想家が、マキアヴェリの『君主論』を現代風に読み替えて言った言葉です。彼は、「現代における君主は、パーティー（党）だ」と言ったのです。つまり、「君主」という一人の人間のパーソナリティーが、「政党」というある集合体のパーソナリティーにとって代わられた――と。

グラムシの言ったテーゼをもっともよく実現したのは、もしかしたら、日本なのかもしれません。

つまり、自民党の一党支配を支えてきた要因は何かと言うと、「リーダーがリーダーとしての役割を果たさないことによって、リーダーたりえてきた」という、奇妙な構造なのです。リーダーシップが不在か、あるいはリーダーならざるリーダーがリーダーだったゆえに、自民党は延命してきたという逆説も成り立つわけです。

よくわれわれは戦後史を振り返って、自民党にもそれなりに存在感のあるリーダーはいたなどと言います。たとえば、吉田茂がいる、岸信介がいる、池田勇人《はやと》がいる、佐藤栄作がいる、田中角栄がいる――と、何人かの政治家を指を折って数え上げます。

しかし、彼らの持っていたリーダーシップというのは、他の先進諸国のリーダーが発揮しているような、純粋な意味でのリーダーシップではなかったと思います。

それは最初から「特殊な手かせ足かせ」をはめられたリーダーシップです。あるいは、最初から「特殊な手かせ足かせ」をはめられていることを前提として行使されたリーダーシップとでも言いましょうか。

東西冷戦という、巨大な「青銅のおむつ」。

では「特殊な手かせ足かせ」というのは何だったのでしょうか。

私は、このきわめて特殊な事態に、やや奇矯《ききょう》に聞こえるかもしれませんが、ボードレールが『悪の華』の中で使った比喩《ひゆ》を用いたいと思います。それは、「青銅の襁褓《むつき》」です。

襁褓とは「おむつ」のことです。敗戦によってそれまでの歴史をリセットされ、ゼロ歳の赤ん坊から人生を始めた日本は、そのとき、青銅で作られた巨大なおむつをはめられたのです。何のためのおむつかと言えば、「東西冷戦」に備えたおむつです。おむつをはめたのは、言うまでもなくアメリカです。

すなわち、「東西冷戦」という世界政治のバランス・オブ・パワーのために、日本は否応なく巨大なおむつをはめられ、その状態にきわめて高度に適合したのが、自民党という保守政党だったわけです。日本という国は、身動きしにくいその状態にあらがいながら、あるいは逆に、身動きしにくいその状態の居心地のよさに甘んじながら、長い戦後を生きてきたのです。

そして、このような特殊な事情だったからこそ、リーダーは透明人間的であるほうがよかったのです。「リーダーたるものは、いかにあるべきか」といったビジョンや意味などは詮索《せんさく》しないほうがよかったのです。

アメリカ側は、社会主義陣営の脅威に備えて、日本を自分たちに都合のよい防波堤にしようとしていました。ゆえに、日本に「独創的な国家作りの夢」のようなものを描かれることは望んでいませんでした。そして、日本のほうも、その「空気」を読んだ。読んだから、そのあたりの意味づけはしないことにしたのです。最初から蓋をしたのです。

かといって、まったくのリーダー不在では、烏合《うごう》の衆の国になってしまいます。そこで、自民党の政治家たちは、ごくごく限定つきで、リーダーシップを発揮することにしました。

たとえば、こんな具合です。「壮大なビジョンは描かなくていいけれど、もの作りの目標ぐらいはたてよう」とか、「ある程度合意が得られるくらいには、国民とコミュニケーションしよう」とか、「行政と組織作りは、官僚にやらせとけばいい」とか、あるいは、「大きな決断をする場面は、そもそもないからちょうどいいや」とか。

だいたいこんな雰囲気で、日本の戦後の政治的リーダーシップは推移してきたのです。

そう言われると浮かんでくる、「日本的リーダー」の顔、顔。

こうしてみると、日本のリーダーシップの不在は、けっしていまに始まったことではないのがわかります。そう言われてみると、みなさんの頭の中にも、戦後史を作り上げた、まさに日本的なリーダーたちの顔が、浮かんでこないでしょうか。

せっかくですから、具体的に少し見てみましょう。先ほど名前をあげた、「まあまあいいほう」の人びとです。

たとえば吉田茂。彼こそは、「日米安全保障条約」を結んで、「青銅の襁褓」という手かせ足かせを完全に受け入れた人です。青銅のおむつを受け入れて、日本という国民国家を、できるだけ安全パイで生きていけるように軌道に乗せました。

吉田は一般には、日本のリスタートを担った最大の立役者と言われます。しかし、彼は新生日本の理念や、目指すべき国家の姿などを提示したわけではありません。むしろ、提示しなかったことに最大の業績があり、そこにおいて彼は成功したのです。とはいえ、政治的な老獪《ろうかい》さにおいて彼を上回る人はそう多くはいませんし、ある種の「ゴッドファーザー」だったことは確かです。

では、岸信介はどうだったでしょう。「A級戦犯」の嫌疑すらかけられたことのある岸ですが、その彼がやった最大の仕事は、安保条約を改定したことに尽きます。吉田茂以後、日米関係を完全に鋳型にはめる役割を果たしたのが彼です。

しかし、この日米安保もアメリカに強いられたものであり、彼が積極的に課題設定したものではありません。彼自身は典型的な状況対応型のリーダーだったと思います。

では、池田勇人はどうでしょう。池田と言えば誰もが思い浮かべるのが、「所得倍増計画」です。給料が倍になる！——折しもこういう時代ですから、「バラ色のスローガン」に見えてしまったりもしますが、要するに、日本という国の内側でいかにしてパイを大きくするかという目標であり、国の外のことには関心を向けないという目標設定でもありました。

わかりやすいですし、インパクトもあり、動員力もありました。しかし、これは彼に動員力があったというよりは、そもそも時代のほうに「豊かさへの欲求」があり、そこにたまたま合致しただけと言ったほうが正しいでしょうか。池田は旧大蔵官僚出身ですから、国内経済にしぼった目標設定は、そう難しくもなかったのかもしれません。

そして、彼らが築いた典型的な日本型政治の上に実ったのが、佐藤栄作の八年間にわたる長期政権でした。

佐藤が唯一積極的にやろうとしたのは「沖縄返還交渉」です。そのほかには、特筆すべきことはないと思います。というよりも、彼のリーダーシップは、「見事なまでの不作為」を重ねたところに発揮されました。要するに彼は――、これまでにも何度か出てきた表現ですが――、自然の流れに任せたサーフィンを心掛けていたのです。しかし、そこにこそ、「青銅のおむつ」の中の自民党的政治の本領もあったのでした。

以上のように、リーダーシップならざるリーダーシップを発揮するという特殊な形で、戦後の自民党は政界に地歩を固め、奇妙な一党支配をもって、その後も永らえていくことになったのです。

とはいえ評価すべきであろう、数人の見識ある保守政治家たち。

とはいえ、現在の自民党の小粒になったリーダーたちと較べると、彼らの先輩たちには錚々《そうそう》たるリーダーたちがいたことは事実です。たとえば、病気のために短命に終わったとはいえ、石橋湛山《たんざん》政権がもし続いていたとするならば、その後の日本政治は大きく変わっていたかもしれません。

また、私と歴史観、国家観、さらに憲法や安全保障の考え方で大きな径庭はありますが、端倪《たんげい》すべからざる政治家として、やはり中曾根康弘氏をあげることができると思います。この保守政治家のリアリズムには私も舌を巻くことがありました。

たとえば、「田中曾根内閣」と揶揄《やゆ》されながら、あろうことか田中角栄の懐刀であった後藤田正晴を官房長官に指名したことなど、人事においても指導力（リーダーシップ）を遺憾なく発揮しました。仲良し内閣をつくろうとする昨今のリーダーたちとは大違いです。

かつての政敵であっても、その能力において使うという意味において、第四章でも触れるように、金大中氏が朴泰俊《パクテジュン》氏を国務総理に指名したことと似通っています。そうした点に中曾根氏の凄みを感じざるを得ません。

さらに、ロン・ヤス関係で日米蜜月時代を演出したという点で、ブッシュ大統領と小泉首相との親密な関係の演出を先取りしていたとも言えると思います。かつて自民党内の「青年将校」と呼ばれ、どちらかというと、自主防衛論を説いていた反米的なナショナリストが、こうした日米同盟を演出するまでに変身できるとは、カメレオンのような政治家・中曾根康弘の変身振りには、私も驚きました。

ただ、それは彼に信念がなく、単なるオポチュニストであったからではないと思います。やはり保守政治家なりの国益の判断と、国際関係の冷徹な認識のうえに自らの思想信条を曲げても対米関係の改善に努めようとしたのでしょう。もちろん「不沈空母」発言などはいかにもキナ臭く、不穏当に思えました。

さらに官僚政治家といってもそれなりに評価すべきリーダーがいたことは事実です。自民党内で、ある意味中曾根氏のライバルであり、その憲法観や国家観において対照的な立場にいた宮澤喜一氏などがあげられると思います。池田勇人の秘蔵っ子として戦後の日米交渉の舞台裏を知悉していた宮澤氏は、アメリカ一辺倒ではなく、自民党の政治家には珍しく護憲の立場を堅持しました。憲法九条を変えてほしいというアメリカからの有形無形の圧力にもかかわらず、彼はその点を頑としてはねのけ、平和憲法の存続を唱え続けました。そこには、戦後日本の誕生にかかわった保守政治家の透徹した歴史観があったと思います。これなども、「腐っても鯛」かもしれませんが、自民党の中に見識のある政治家がいたことの証左だと思います。

ただし、こうした特筆すべき政治家が輩出したにもかかわらず、全体として自民党内の内輪の論理が日本のリーダー輩出を決定づけてきたことは否めません。

パックス・ジミトニカ、もしくは「コップの中の嵐」。

このような話をすると、自民党はいかにも微温的なイメージの政党のように思われるかもしれません。しかし、必ずしもそうではありません。

というのも、自民党という一つの党の中にも非常に激しい「派閥」の争いがあって、それによってある種の活力が保たれてきたからです。外からは穏やかに見えても、党の中ではつねに「コップの中の嵐」のような激烈な権力闘争が展開されていました。

それは奇妙な光景ではありました。たとえて言うと、テレビの受像機の音を消して、映像だけを眺めている感じ、というのでしょうか。全体的な統治機構は静かなのに、永田町という水槽の中だけは、毎日毎日、大しけになっているのです。しかし、水槽の水が外に飛び出すことは、けっしてありません。

水槽の内部と外界の間には、リーダーとフォロワーのコミュニケーションもないし、フォロワーがリーダーを監視して、不都合ならば制裁を加えるといった機能もありません。

しかし、たしかに、フォロワーはもっぱら、外から眺めているだけで大丈夫ではあったのです。

なぜならば、そこには明らかに「青銅の巨大なおむつ」が機能していたからです。それをつけていれば国全体は安心安泰、というお墨付きがあったからです。
「パックス・ロマーナ（ローマ帝国による平和）」とか、「パックス・ブリタニカ（大英帝国による平和）」という言い方がありますが、これはまさに、「パックス・ジミトニカ（自民党による平和）」と言えます。「パックス・ジャポニカ」ではないところがミソです。

しかし、このパックス・ジミトニカも、三十年、四十年という月日を経るうちに、さすがに機能不全が起こるようになりました。角が磨滅して、感覚も麻痺《まひ》して、何も感じなくなってきたのです。かつてあった派閥同士の争いもなくなって、器の小さい小競り合いばかりになりました。ほとんど「無風状態」です。これが、前節で言った一九八〇年代の竹下政権のころです。

これにともない、政治の世界に「なれあい的なダレ」の空気が抜きがたく蔓延《まんえん》するようになりました。

そこには、戦後何十年の時を経て「家業化」した政治の姿がありました。アメリカ迎合型政権として一党支配を持続するうちに、まるで「世襲制」のように「二世議員」「三世議員」が増えてしまったのです。

家業を継ぐとは、「のれん」を守るということであり、ある職業においては非常によいことである場合もあります。しかし、生きている世の中と切り結ぶ「政治」という職業においては、あまりいいことではないと思います。

「野党の非力」と、おむつかぶれした赤ちゃん。

そして、もう一つ、一党支配の「ダレ」という問題を考えるとき、言及しなければならないことがあります。それは、「野党」という問題です。

自民党が「リヴァイアサン」のようにかくも寿命を永らえてきたのは、「青銅のおむつ」のせいだけではありません。やはり、野党が非力だったことが大きな要因としてあります。

私は過去の野党に人材がなかったとは思いません。むしろ綺羅星《きらぼし》のような精鋭が、いわゆる「運動圏」に、かなりいたのではないでしょうか。ところが、そうした人びとが永田町という「制度圏」の中に入って行けなかったのです。それは、明らかに、社民党や共産党の人びとが、自分たちの精鋭を政治の中枢に送り出す力を持っていなかったためです。ルートを持っていなかったのです。

諸外国では、このようなことは、あまり起こりません。たとえばドイツでも、かつて「六八年世代」と言われていた人びとが、いま政治の表舞台に上がっていますし、イギリスでも、かつて左翼的な運動をやっていた労働党のゴードン・ブラウンが、いまリーダーとして活躍しています。フランスでも、運動圏にいる人たちは制度圏に人材を送り込みつづけています。

しかし日本の野党は、そのような力を、ずっと持つことができませんでした。自民党から鞍替《くらが》えした有力議員を中心とする野党になって、やっとそうした流れに変化が起きました。それ以前は「本気で政権を奪ってやろう」という気力がなかったという批判も、ある程度当たっている気がします。

ここで少し整理しておきましょう。

すなわち、日本の一党政治がかくも長く続いた最大の理由は、日本がアメリカによって「巨大なおむつ」をはめられ、自民党がそこにぴったりと適合する政権を作り上げたからです。そこでは、「きわめて日本的な意味」で、高度な政治的意図から、「リーダーならざるリーダー」がリーダーシップを握ってきました。同時に、本来はその抑止力となるべき野党も、存在感を発揮してきませんでした。それゆえに、自民党はいいかげんおむつかぶれしながらも、ごろごろと一人、ベビーベッドの中で寝返りを打ちつづけたのです。

そして、自民党一党の独走を許すその状況は、人びとから政治参加への意欲を奪い、リーダーとフォロワーの関係も断ち切り、政治への無関心をはびこらせるという、さらなる悪弊を生んだわけです。

しかし、こんな状態はそろそろやめにしなければ、変わらなければと、いまやっと、皮肉なことに、安倍政権が掲げた「戦後レジームからの脱却」が始まろうとしています。

そして、いままで日本に「巨大なおむつ」をはめつづけてきたアメリカ自身に「チェンジ」が起きました。世界的に話題になっているオバマ大統領は、黒人系で、もともと運動圏にいた人です。彼はマイナーな運動から始めて、やがてワシントンに入り、さらにホワイトハウスに入りました。そこにはいきいきと動いている政治の力学があります。

このようなことは、その気になれば、日本でもいくらでもできるのではないでしょうか。だから、私たちも新しいリーダーを誕生させられるし、追い風を吹かせることもできると思うのです。

「二世議員」は、参議院に限る?

では最後に、日本の政治的リーダーシップが、少しでも本来のあるべきリーダーシップに変わることを希望して、考えられる可能性をあげて、この章を終わりたいと思います。

まずは、「家業化してしまった政治家」の問題です。

ときおり、政治家になるために必要な「三種の神器」は、「地盤（有権者）」「看板（知名度）」「かばん（資金）」の三つだなどと言われることがあります。が、こんな考え方はいかがなものかと思います。「親父が政治家だったから、俺も政治家になる」などというのは、動機としてはおかしくないでしょうか。

しかし、その一方で、世襲議員にも長所があるとすれば、それは、「金権政治」から比較的縁遠いということです。もちろん、これも相対的な話で、世襲議員でもカネまみれの政治家はいます。

ただ、政治家を志す人が新規参入者として政治の闘争場に入ろうとすると、やはり「入場料」のようなものが必要になります。だから政治がカネまみれになるのです。しかし、親の代から世襲化されている場合は、比較的お金がかかりません。ゆえに、どちらかと言うと、カネの問題にあくせくする必要がないと言えます。

ヨーロッパには貴族政治の伝統があり、お金に困っていない名望家のような人たちが政治にかかわり、政治を金銭的な腐敗から守ってきました。そのようなシステムはかつては日本にもありました。それが貴族院です。

当時の貴族院は、いまで言う参議院に相当します。ですから、政治家の世襲を完全に制限するのではなくて、世襲議員は参議院からしか出られないようにしたらどうでしょう。職業選択の自由を制約してはいけないという批判を受けるかもしれませんが、考えてみる余地はあると思います。

リーダー登場のための、「孵化装置」を探ろう。

ここからが、もっと大事です。

長く続いた自民党支配、世襲議員が幅をきかせている状況などによって、ニューリーダー登場のための道は、いま、ほとんど断たれています。それを取り戻すための努力を、少しやってみたいのです。

そこで、二、三、可能性を提案してみます。まずは、私が期待している新しいリーダーたちです。

たとえば、いま「派遣労働」などの問題で努力しているＮＰＯの人たちがいます。若い人が多く、三十代くらいがほとんどです。

彼らの多くは専門的な知識を持っていて、自らのビジョンに基づいて運動していて、組織運営のためのマネジメントもしています。運動を盛り上げるための目標設定もし、なかなか優れたメッセージも出しています。これまであまり世の中に見かけなかったタイプですが、私は今後、日本の新しいリーダーになる可能性があるのではないかと期待しているのです。

日本では、このような活動家が政治家になるケースは少ないですが、外国では、労働運動、市民運動、社会運動、公害運動などの活動家から政治家に転身していく例はいくらでもあります。ですから、日本でもそのようなルートを作ることができればと思います。

もう一つは、地方の「草の根」的な活動からの可能性です。

昔と違って、いまは中央から地方へ政治的な利益誘導のパイがめぐっていくことは、ほとんど考えられなくなりました。だから、悲鳴をあげている地方が多いのですが、そのような状況の中で、かつてとはまったく違う発想ややり方で地域振興や地元経済の活路を開こうとしている運動家が、登場しつつあるのです。

こうした若い地方のリーダーたちも、日本の政治のメインのリーダーに育っていく可能性があります。

私がいま注目している可能性はこの二つですが、その登場のための「ルート」、あるいは「回路」のようなものを考えることができればと思っています。

また、新しいリーダーを登場させるための土壌作りの一つとして、全国に「塾」のようなものができないだろうかと、想像することもあります。

幕末には「松下村塾」というものがありました。現在は「松下政経塾」というものがありますが、そんなに立派なものでなくてもいい、ボランタリーな形でいいから、いろいろな地方や場所に塾を作って、そこから有為な若きリーダーが育ってくるようにすればいいと思います。

これらは、リーダーを「孵化《ふか》」させていくための装置です。こうした動きが盛んになれば、「家業」と化した政治の世界にも風穴があくかもしれません。

法制度も変えよう、
リーダーを「死語」にしないために。

そして最後に、こうした潮流を実現するためには、やはり制度や法律を変えなければならないと思います。たとえば、政治資金規正法、公職選挙法、政党助成法や政党法人格付与法といった、政党の要件を規定する法律など……。政治をめぐるいまの環境は、あまりにもがんじがらめで、どうしようもないのです。

ですから、たとえば、ネットなどを活用して、あまりお金のかからないかたちで手軽に政治に参加できるようにすることも重要です。資金面がネックになると、やはりリーダーはそう簡単には登場できません。いまのままでは、相当志のある人でも、日常的な政治活動は難しくなってしまうでしょう。

これは、リーダー登場のためだけに言っているのではありません。フォロワーである一般の人びとが政治に参加するためにも、ぜひとも検討すべきです。会社員や公務員が有給休暇をとって政治に参加するといった道筋も開かれるべきです。今後の日本の政治をよくしていくためには、リーダーとフォロワー、両方のために法制度を変えていくことが課題となるでしょう。

とにもかくにも、いま言えることは、いままでのようにただリーダーを待望していてはダメだということです。待っているだけではリーダーは現れません。政治のリーダーなんて遠い世界の話だ、などと言っていてはダメです。

私たちがむしろ積極的に新しいリーダーを輩出する「孵化装置」を作らなければならないのです。

けっして不可能な話ではないと思います。

もう一度、まとめて言います。

NPOやNGOの若いリーダーたちに期待しよう。

地方で、草の根的に活動している人たちに注目しよう。

リーダーを養成できるような「塾」を作ろう。

できるだけ多くの人が政治参加できるように、法制度も見直そう。

そんなふうに、一つ一つ努力しながら、私は七つの力を持った新しいリーダーを、自分たちの中から育てていきたいと思うのです。

そして、多少大げさに言うと、そうなったときに初めて、日本の戦後社会は、本当の意味で変わるのではないでしょうか。

じっさい、そろそろ潮時だと思います。いま、「戦後政治の総決算」が始まろうとしています。それにともなって、いろいろな制度が変わっていく可能性があります。敗戦から半世紀以上もひきずってきた時代に、とりあえず幕がおろされつつあります。しかし、「ポスト戦後政治」の明確な輪郭はまだ見えていません。それがハッキリするまで、ここ当分は過渡的な混乱期が続くでしょう。だからこそ、国民と社会に新しい意味を与えてくれるような、新しい理念と価値観を持ったリーダーが輩出されるべきです。

一方的にワンフレーズを押し出すのではなく、組織や人事の運営を官僚に丸投げするのでもなく、政治主導のマネジメントもできる人。そのような、現実的できちんとしたリーダーが、そろそろ出てほしいのです。

不可能だとは思いません。私たちが野次馬政治をやめればいいのですから。

「劇場政治」は面白かったかもしれません。でも、「見てるだけ」じゃダメなんです。参加しなければ、何も始まりません。

第四章

【対談】幸いなる邂逅

——アジアのリーダー、金大中氏に聞く

現代アジアのリーダーの中で、私がもっとも尊敬している人物、
それは、韓国の金大中元大統領です。
いくたびも「死線」を越え、不屈の精神を持って、
韓国の人びとを引っ張ってきた金氏。
波乱に満ちた人生の原動力となったのは、
どのような信念だったのでしょうか。
また、アジアのリーダーシップの行方を、どのように見ているのでしょうか。
敬愛する氏との対話を、ここにご紹介します。

アジアのリーダーシップの、真の継承者。

姜尚中　アメリカで黒人系のオバマ大統領が誕生したことをきっかけに、日本でも「リーダーシップ」への関心がかなり高まっています。

歴史を眺めますと、私たちが生きているこのアジアにも、優れたリーダーが数々登場してきました。たとえば、中国の毛沢東やベトナムのホー・チ・ミン、インドのガンジーやネルー、インドネシアのスハルトなどです。中でも、私がもっとも尊敬している政治家は孫文なのですが、ある意味において、孫文の思想の最大の後継者は金大中先生ではないかと、ずっと思ってきました。

金大中　いえいえ。私をあのような偉い方と並べて比較しないでください。

姜　そんなことはありません。先生は二十世紀の歴史に、確実に名前を残される方だと思います。

　孫文のことを調べてみて、いろいろな点で金先生と似ていると思いました。孫文が生まれ育った場所は海岸の都市ですが、金先生も海辺の街の木浦《モッポ》で青少年期を過ごされました。港というのは外の世界に向かって開いているせいでしょうか、開放感があって、オープンな人格が形成されるようですね。また、孫文も金先生と同じくクリスチャンでした。ですから私は、孫文の精神は、蔣介石でも毛沢東でもなく、金先生に継承されていると確信しているのです。

金　そうですね。孫文先生はもちろん私も尊敬しています。多少、共通点もあるかもしれません。共感も感じますよ。一方、蔣介石や毛沢東には、あまり共感を感じません。

姜　もう一つ付け加えますと、日本との関係が深いという点でも、孫文と先生は共通しています。数多いアジアのリーダーの中で、孫文と金先生ほど、日本との関係が深い方はいらっしゃいません。

　いま孫文が生きていたら、先生を「自分の息子」のように感じられるのではないでしょうか。ただ、大きな違いは、孫文は結局、自分の目指した民主主義の成果を見ることができませんでしたが、金先生は反体制の指導者として運動を続けられ、苦節ののちに大統領になり、民主化された祖国の姿をご覧になることができたということです。そこが、大きく違うところだと思います。

いくたびか「死線」を越えてきた。だから、私は国民を信頼する。

姜　先生は政治的リーダーとして活動される中で、何度も命の危険にさらされ、度々獄につながれる経験もされました。「死にたくなければ、この要求をのめ」といった脅しを受けることもあったと思います。その際、いつも、ぎりぎりの決断を余儀なくされたのではないかと想像します。

そうした、生死にかかわるような決断のとき、先生は何を拠り所にされてきたのか、伺いたいと思います。

金　おっしゃるように、私は人生の中で何度も危険な目にあい、「死線」を越えてきました。だからこそ、思うのです。いくたびもの死線を越えていまの私があるということは、やはり、国民が私を評価してくれたからだ、と。私は目の前の利益ではなく、自分の信念に従って行動してきました。国民への尊敬と愛に突き動かされて、決断してきました。だからこそ、国民も私を支持し、生かしてくれたのだと思います。

迫害にあったときも、生死の境をさまよったときも、その信念のおかげで生き抜くことができました。ですから、私は私を生かしてくれた民衆に、全幅の信頼を置いています。国民を信じていたから、頑張れたのですよ。

姜　それは素晴らしい信念だと思います。

先生は獄中生活や軟禁状態の中で、トインビーをはじめとする膨大な量の本をお読みになったと伺っています。政治的な決断の局面においては、そうした本から学んだ知識も役立ったのでしょうか。

金　そうですね。トインビーの著作や、プラトンの『国家』のようなものですね。書物から得た知識に助けられたことは、少なくありません。先人たちが積み重ねてきた歴史には、学ぶことがたくさんあるのです。

ちなみに、私は世界の名作小説と呼ばれるものは、ほとんど読んだのですよ。何百年も生きつづけてきた書物には、やはり、消滅しないで残っただけの価値があります。おそらくそこには人間の霊魂から出てきたような、不滅の声のようなものがあるのでしょうね。だから、百年前のものでも二百年前のものでも、いまの人の心に響くのです。そうしたものを読むことは、読む者の精神を豊かにします。また、問題意識を正しく持つためにもよいです。できるだけ偏らない歴史観を持つためにも、読書経験の豊かさは大事です。

多少抽象的な言い方になりますが、「歴史と勝負する」ということが、自分が何か決断をするときの、一つの基準になってきた側面もあります。多くの人は、大きな決断をするとき、歴史と勝負するのではなく、現在と勝負します。目の前にある現実の利益を重要視します。でも私は、せっぱつまって決断を迫られたときも、現実の利益よりも、後々自分が歴史にどう評価されるかということのほうを考えてきました。

「歴史」は後退しない。つねに前進する。

姜　いま「歴史」という言葉が出ましたので、多少話がそれますが、別の側面から質問いたします。先生は、歴史というものは、必ず人民のために進歩していく、よいものになっていく、とお考えですか。

金　はい。そう考えます。歴史というものは、いっとき反動的に揺り戻すことはあっても、後退することはありません。そう思います。たとえば第二次世界大戦のとき、ドイツにヒトラーが現れ、日本に東條英機が現れました。それは反動です。しかし、その反動のおかげで、むしろ歴史は大きく前進しました。あの大戦ののち、アジアでもアフリカでも、多くの植民地が解放されました。私たちの韓国も、日本から解放されました。

ですから、歴史は長い目で見れば必ず前進するのです。それは民衆の意志です。民衆の意志は必ず歴史を動かします。中国には「民を以て天と為す」という言葉があります。韓国にも「人すなわち天」という言葉があります。「民に仕えることは天に仕える如し」という言葉もあります。別に私が新しく発見したわけではありません。二千年も前から言われていることです。

しかし、そうは言いつつも、いざ現実の政治の世界で勝負しようとすると、なかなか理想どおりにはいかないものです。

姜　たしかに歴史は、長い目で見れば正しい方向に向かうのでしょう。しかし、私たちはいま、この瞬間に生きています。ですから、大局的な理想と信念のために行動するのは、たいへん難しいことです。

金　そのとおりです。一九七〇年代の朴正熙政権のとき、私は国を追われて日本に亡命していたのですが、誰も世話してくれる人がなく、旅費もなく、つらい日々でした。それでも、国に帰れば監視されて、弾圧されて、何もできないわけですから、必死でこらえて闘いました。そのような厳しい状況にあるときでも、私が頑張ってこられたのは、「国民を裏切ることはできない」「こんなときこそ国民のために奉仕すべきだ」という思いだったと思います。究極的な支えになったのは、やはり国民です。

迫害されて、死刑宣告を受けて、政権当局の人たちからこんなふうに脅されたこともあります。「自分たちに協力すれば助けてやる。協力しなければ殺す。裁判は行うが、形式に過ぎないぞ」と。しかし、私はこう返答したのです。「私は国民を裏切ることはできない。あなたがたには従えない。どうぞ殺しなさい」と。これはもう、信念です。

姜　先生はリーダーとして、じつに多くの実績を持っておられますが、世界の人びとが注目したのは、やはり二〇〇〇年六月に平壌《ピョンヤン》で実現した「南北首脳会談」だったと思います。「南北の和解」は先生にとっての最大の課題ですが、相当のお覚悟があったのでしょうか。

金　「民族の統一」は、若いころからの悲願でしたから、大統領になったら、何をおいてもまず、北と南が会って話す場を作ろうと思っていました。私の大統領としての使命の「第一条第一項」ですよ。統一までいかなくても、互いの緊張を緩和し、ともに生きていく道を探ることだけはぜったいにやろう——と。ですから、迷ったり躊躇《ちゅうちょ》したりすることは、まったくなかったです。

正しい言論は命をかけて守れ。正しくない言論には屈するな。

姜　続いて、リーダーシップとメディアの問題について、少し伺いたいと思います。たとえば、『東亜日報』という新聞があります。この新聞は、かつての朴正熙政権の時代には体制に反対する勇敢な存在——といったイメージがありました。しかし、『朝鮮日報』『中央日報』と並んで韓国の三大紙といわれるようになったいまは、むしろ保守政権を代弁するような論調を繰り広げ、ある種の言論権力になっているという指摘もあります。
政治家の側にも、世論を惹きつけるために、こうした新聞やテレビなどのメディアを利用してリーダーシップを発揮する例が見られます。このあたりのことはどうお考えでしょうか。メディアと政治家は、どのような関係を作ったらよいと思われますか。

金　私は正しい言論は命をかけても守り、尊びます。正しくない言論に対してはけっして屈服しません。そういう考えです。

たとえば、大統領を務めているとき、ある新聞社の脱税問題を扱う難しい局面に出くわしたことがあります。私はすべての事実を洗い出し、公平に裁こうと思いました。しかし、メディアの力は強いですから、報復が予想されました。このときばかりは、私もちょっとひるみましたよ（笑）。しかし、何日かじっくり考えて、いまここで妥協したら死ぬまで後悔するだろうと思いました。同様の局面に会ったとき、それまでの政権はメディアに屈し、巻かれてきました。しかし、私は、それはしてはいけないと思った。良心の命ずるところに従え――と。そこで、断固闘うことに決めました。

案の定、たいへんな反撃を受け、「言論の自由」を奪っていると非難されました。しかし、裁判によって彼らの罪はあばかれ、有罪が確定しました。私のほうが正しかったことが証明されたのです。でも、彼らはいまでも私が言論弾圧をしたと言って糾弾しているようです。

言論というものは、ある意味においては、国民にとっての生命の水のようなものです。人が人らしく生きていくために絶対に必要です。しかし、誤った言論機関は国民の耳を覆い、目隠しをして、誤った方向に導きます。悪い役割をします。

そういえば、今日もこの建物の外に数十名ほどやってきて、デモをしているようです。私はもう政治から引退しているのに、監視をやめません。先日、韓国政府は、北朝鮮がミサイルを発射すれば、大量破壊兵器拡散防止構想（ＰＳＩ）への全面参加を検討すると発表しましたでしょう？　それに反対したら、「すぐ」ですよ。私は南北関係を平和的に解決することを悲願としているだけなのに、一部の人びとは、私を神経質に眺めることをやめないのです。

姜　金先生は、何度も迫害を受けた経験から、多数派を形成する世論やメディアの過ちを痛感されたのではないかと思います。その教訓から、ときには嵩《かさ》にかかった言論権力に立ち向かわれることもあったと思います。日本では、メディアに迎合し、人気取りにあくせくしている政治家が目につきます。

金　いや、こちらでもそうですよ。しかし、結局は、国民の側に立って闘う人が勝ちます。私はそう信じます。たとえば、李承晩《イスンマン》大統領のときもそうです。言論弾圧が行われ、一部の新聞を除けば、みな彼らに迎合した記事を書きました。しかし、私たちは国民と力を合わせて闘い、李大統領の独裁を終わらせました。

朴正熙政権のときもそうでした。全言論が押さえつけられ、一九八〇年の光州事件ののち、私は死刑判決を受けました。新聞はみな、私が民衆の蜂起《ほうき》を後ろで操っていたかのように書き立てました。全新聞がそう書いたため、騙《だま》される人もかなり出ました。ちなみに、いまでもそう信じている人がいます。

それくらい、新聞の言論の影響は強いのです。彼らは民主化された後も、虚偽の記事を書いた謝罪を一度もしていません。

民主主義には「敵」はいない。いるのは「ライバル」だけ。

金　韓国の現代史は、たいへん過酷な側面を持ってきました。最終的には、私たちは民主主義を勝ち取りましたけれども、そこに至るまでに、多くの血が流されました。私たちは、ある意味、民主主義を血であがなったのです。

民衆も悲劇を味わいましたが、独裁者たちも、不幸な結末を迎えました。朴正熙大統領は、自分の部下に殺されました。全斗煥《チョンドファン》大統領も国民に断罪されて、永久執権を封じられました。民衆は必死の思いで、民主主義を勝ち取ってきたのです。その意味では、民主主義は積極的に立ち向かっていかなければ手に入らない。座視していたら、盗まれてしまうのです。

姜　先生の言葉の中でもっとも印象的なのは、「民主主義には敵はいない。ライバルがいるだけだ」という言葉です。

金　そうです。過去に私はずいぶん迫害を受けました。しかし、大統領になった後も、一人に対しても仕返しはしていません。そんなことはすべきでない。朴正熙元大統領だけでなく、全斗煥元大統領や盧泰愚《ノテウ》元大統領も、私を殺そうとしたことがありますが、彼らに対しても、私は何もしていません。なぜなら、私たちは民主主義を血であがなってきたのです。民衆の苦しみと引き換えに、いまの韓国があるのです。「報復の連鎖」は、断ち切らなければいけません。

姜　先生は大統領になられた後、朴大統領時代の重要人物の一人で、浦項《ポハン》総合製鉄所のオーナーでもあった朴泰俊氏を、国務総理として閣僚に加えられましたね。かつて敵対していた人間をあえてブレーンにお迎えになるとは……。たいへんな決断だと私はびっくりしました。

金　はい。彼はたしかに、朴大統領の独裁政権に協力していた人物ですが、経済問題に関する見識は高く、人格的にも評価できる人です。私も学ぶところが多かったです。

姜　最近の日本の内閣を見ると、能力や見識ではなく、同じ仲間であるという内輪の論理で組閣や人事が進められるという印象があります。しかし、金先生は、昨日の敵であっても、嫌いな人間であっても、有能と認めればお使いになるわけですね。

金　はい。そういう意味では、私は「どのような人でも使える」という自信があるのですよ。自分に対する自信というのでしょうか。

姜　それはリーダーとして欠かせない能力の一つですね。聖書の「ロマ書」に、「汝、復讐《ふくしゅう》するなかれ、復讐するは我にあり」という言葉がありますが、それを思い出しました。

報復をなさらないという点では、先生は日本に対しても、そうではありませんか。先生が一九七三年にホテルグランドパレスで拉致された事件はたいへん衝撃的でしたが、あのようなひどい目にあわれたのに、日韓両政府による頭越しの政治決着が図られました。ですから、先生は大統領になられたとき、日本政府に対して、真っ先に、「あの事件の真相を明らかにせよ」と要求なさっても不思議ではなかったと思います。
でも、先生は小渕恵三内閣と日韓の新時代を作られることを優先されました。真実を明らかにしてほしいと言われたのは、大統領をお辞めになった後だったと思います。その点で、私は先生の「太陽政策」は、北朝鮮に対してだけでなく、日本に対しても向けられているのではないかと感じました。

金　そうです。平和的に対話をして、両方が得をする。これを、私は「ウィン・ウィン」と呼んでいます。どちらかが得をし、どちらかが損をするのではなく、両方が勝って、両方が得をする。そんな関係を作っていくのが、「太陽政策」です。

「フランス革命」より、「イギリス名誉革命」。
どんな場合でも「流血」は避けるべき。

姜　先生のお話の中で私がいつも感銘を受けるのは、「フランス革命」と「イギリス名誉革命」の比較についてです。

先生はこの二つの革命のうち、「イギリス名誉革命」のほうを評価していらっしゃいます。というのも、フランス革命では、ロベスピエールによって、王をはじめとする旧体制の人びとが粛清されました。これに対して、名誉革命は妥協的だったけれども、新旧の勢力が歩み寄ろうとしました。先生は「革命とは血が流れるものである。しかし、どんな場合でも、流血はできるだけ避けて、新旧双方が宥和《ゆうわ》する道を探るべきである」と、一貫しておっしゃってきたように思います。そのようなお考えは、いつごろからお持ちなのでしょうか。

金　先ほどもあなたが名前をお出しになったトインビーの『歴史の研究』を読んで、多くを学んだと思います。

歴史を見てごらんなさい。やはり相手に対して寛大な国が栄えていますよ。たとえばペルシア帝国やオスマン帝国などがそうです。彼らは土地の宗教を尊重しましたし、ある程度の地方自治も認めました。ローマ帝国もそうですね。彼らも植民地に対して、ある程度、宗教の自由や市民権を与えました。あの時代のローマ市民権はたいへんな特権だったのですが、たとえばキリスト教徒のパウロは、ユダヤ人でありながら市民権を持っていたのですよ。そのように寛大だったから、ローマ帝国はあれほど栄えたのです。
これに対して、ドイツのヒトラーや日本の軍国主義は、相手に対してまったく寛大ではありませんでした。だから、悲惨な最期を迎えたのです。人も国も、寛大な態度が重要です。「対話」で解決すること、「力」で解決しないこと。この二つが、人類が平和的に共存していくための道だと、私は信じています。
姜　オバマ大統領は、いまイスラムとの和解を対話で進めようとしていますね。金先生の考え方と通じるものがあるのではないでしょうか。
金　オバマ大統領はイスラムだけでなく、全世界に向かって対話を呼びかけています。彼は世界を変えつつあると思いますよ。イランにも対話を訴えているし、シリアにも訴えている。また、イスラエルとパレスチナは共存して、独立国家になれと言っていますね。これまでアメリカはイスラエルを一方的に支持してきましたけれど、変わりました。

この韓半島（朝鮮半島）に対してもそうです。もうじき六者会談が再開されるだろうと考えていますが、いまのアメリカなら、ブッシュ政権のときのように、ネオコンの圧力によって態度を誤るようなことはないでしょう。

私は大統領在任中に二人のアメリカ大統領にお目にかかりました。一人はビル・クリントン、一人はジョージ・ブッシュです。二人はまったくタイプが違いました。クリントンは心がきれいで、率直な方でした。彼と会ったのは一九九八年でしたが、彼がまず聞いてきたのは、「あなたの太陽政策とは、何ですか？」ということでした。私が先ほど申し上げたようなことを説明したら、彼はその場で、「馬車を走らせるのであれば、あなたは御者の席に座ってください。私は助手の席に座ります。あなたが先に行かれるのであれば、私は後ろから押しましょう」と言ったのです。しかも、この言葉を、彼は記者たちの前で言いました。

晩餐会《ばんさんかい》のときには、こう言ってくれました。「われわれの現代の世界には、何人か英雄がいる。それは、チェコのヴァーツラフ・ハヴェル、南アフリカのネルソン・マンデラ、そして、韓国の金大中。こういう人たちだ」と。

リーダーは「歴史」に学べ。「歴史」から解を引き出せ。

姜　困ったことに、最近の政治家を見ると、政治家としての能力以外のことで自分をアピールするような雰囲気があるのです。たとえば、一国の首相が漫画やアニメが好きだと公言したり、「オタクの聖地」と呼ばれる「アキバ」の街頭で若者にアピールしようとしたりしたことがありました。そのような話題で、一般の共感や若者の歓心を買い、支持を広げようとしたわけです。先生がおっしゃったような、「政治家として果たさなければならないミッション」のようなものがなおざりにされています。

先ほどからお話ししているように、歴史に学ぶ努力をするなど、リーダーならばぜひともそんな見識を持ってリーダーシップを発揮してほしいのですが、現実にはそうなっていません。
先生から日本の政治家に、——韓国の政治家に対してでもよろしいのですが、歴史に学ぶときに何がいちばん重要かということを提言していただけませんか。

金　いちばん重要なのは、長い歴史とよく対照して、自分たちがやった誤りを見つめることです。そして、反省して、それによって新しい歴史を再生していくことです。ドイツはそれをやりましたよ。敗戦ののち、世界に謝り、ユダヤ人に対していろいろな償いをしました。ドイツの学生は、子供のときから過去に対する教育を受けます。ドイツはあちらこちらにあるユダヤ人虐殺現場や収容施設を遺跡として保存しました。そのような反省をしたから、周辺の国々もドイツを信頼するようになったのです。
ドイツはいまEUの一員として活動しているでしょう？　北大西洋条約機構（NATO）の加盟国です。東ドイツが西ドイツと合併すると言って立ち上がったとき、かつては「ドイツの統一など、ぜったいに許さない」と言っていたイギリスやフランス、それからソ連も賛成しました。それは、ドイツの戦後の反省態度を認めたからです。

同じように、日本も歴史に学んでください。そうすれば、われわれも日本をもっと愛するようになるのではないでしょうか。いまでも中国や韓国ではときどき反日デモが起こりますが、そういうこともなくなると思います。過去に日本に侵略されたアジアの国々には、いまだに日本に対する恐怖が、多かれ少なかれ残っています。不信感を拭いきれていないから、日本がこれ以上強くなることを恐れて、国連安保理の常任理事国入りにも反対しているのです。

このアジアでは、中国だけが常任理事国です。中国が常任理事国になれるのであれば、日本が常任理事国になったって不思議ではない。何よりも、日本は国連に対して経済的に大きな貢献をしてきました。国際的にもいろいろよいことをやっています。にもかかわらず、アジアの国々が反対する。それはつまり、日本が過去を清算していないからです。これをやらなければ、きっとツケはいつまでもついてきますよ。

姜　日本では過去と向き合うことがなかなかできづらい面があるようです。その根っこはどこにあると先生はお考えでしょうか。

金　そうですね。日本の民主主義はマッカーサーが来て、プレゼントしてくれたようなものではないですか。だから民主主義の基盤が、いまひとつはっきりしないのかもしれないですね。風が少し吹いただけで揺らいでしまう。日本の人たちは、私たちのように、「民主主義を勝ち取るために、血を流して闘った」という思いがないのではありませんか。何となく手に入れてしまったから、あまりありがたいと思わない。だから、「昔もよかった」などと言う。昔を懐かしんだり、戻ろうとしたりする。そのせいもあって、あんなに経済的に貢献しているのに、国際的にはあまり評価されないのです。歴史をきちんと見ないからです。損ですよ。

民主主義は、タダではないのです。民主主義を勝ち取っても、それを守るために積極的に努力していかないと、逆戻りすることがあります。ですから、私は日本の友人として、どうぞドイツに学んでくださいと、重ねて言いたいですね。そうすれば、私たちも日本を信用して、本当の友人になりたいと思うでしょう。私は一度、小渕首相と話し合って、ずいぶんよい雰囲気になったのです。ところが、それからいくらもたたないうちに、また過去を美化するような動きが出はじめてしまいました。

いま、戦後六十四年です。日本人の中でも、終戦時に十歳以下だった方は、当時のことをよく知らないはずです。ですから、教育で教えていかないと、彼らの子供、孫の世代は過去にどういうことがあったのか理解できないでしょう。とくに、いまの若い人などは、悪意があるわけではないのだと思います。意味がわかっていないのです。なぜ戦後何十年もたっているのに、いまだに罪人みたいに言われるのか、わからないのです。もう謝ったじゃないか、なぜいつまでもしつこく言うのか——と、たぶんそういう気持ちなのでしょう。彼らを悪いとは言えません。なぜなら、ちゃんと教えられていないからです。

日本は、国民に対してきちんとした教育をしてください。過去の歴史に対して、真実を学んでください。そうすれば、日本は世界から愛される、偉大な国になる。私はそう思います。

リーダーは、「半歩前」を歩け。

姜　おっしゃるように、いま、日本の民主主義の本当の強さ弱さが試されていると思います。では、それ以外に、リーダーたちに向けて、提言のようなものがあったら、お話しいただけますか。

金　そうですね。一つは、いま、日本でも韓国でも、政治家と呼ばれる人びとが矮小《わいしょう》化《か》してきているような感じがします。世界観や歴史観といった大きなことに関心を持つリーダーが減ってきた。もう少しスケール感が欲しいという気がしています。

先ほどの秋葉原や漫画の話ではないですが、政治家の話題を聞くと、たいてい「今日のこと」だけが話題ですね。政治家は「望遠鏡」のように、ものごとを遠く広く見なければいけないし、同時に、「顕微鏡」のように細かく深くも見なければなりません。この二つの見る力をあわせ持っていなければいけません。また別の言い方をすると、「書生的な問題意識」と「商人的な現実感覚」、この二つを兼ね備えていないと、本当の政治家にはなれないでしょう。これは他の分野のリーダーでもそうかもしれませんが、政治の世界では、とくに必要だと思います。

姜　なるほど。私は、先生は政治感覚だけでなく経済感覚も備えたリーダーであるとお見受けしています。それはやはりお若いときに、木浦で実業をやっておられた経験と関係しているのでしょうか。

金　そうですね。国家の経済を扱ううえで、過去の経験はたいへん肥やしになっています。しかし、それだけではなくて、私の場合、思想や理念を形成したのは、読書の影響も大きいですね。

姜　現代の世界の状況とリーダーシップの関係について、ご意見がおありですか。

金　ご存じのように、いま、世界はグローバル化の方向に向かっています。人類の歴史は、まず人類の誕生、次に一つの土地に定着した農耕時代、次に産業革命の時代、そして次に、知識・情報を基盤とした情報化の時代へと移ってきました。

二十世紀という時代は、アジア、アフリカを見るとわかるように、民族独立の時代でした。しかし、これからはグローバル化もあいまって、もっと地域横断的なダイナミックな動きが進むでしょう。ヨーロッパのEUのような地域連合、地域共同体、そういう方向に向かうと思います。アジアもそうです。私たちは「東アジア連合」にならなければいけないですね。そして、最後には「世界連邦」となるべきですよ。

人びとの民族意識は、グローバル化の中で、どんどん薄れていくでしょう。世界を歩くことと、国内の田舎を歩くことを、どちらも同じように考えるようになる。そういう時代になりつつあります。

姜　なるほど。それでは、そのようにグローバル化が進んだ世界になるとすると、その中でのリーダーはどうあるべきでしょうか。

金　政治家は、目の前の状況をよく見ながら、国民とコミュニケーションをとらなければいけないでしょう。

だから、いま、政治家として、リーダーとして成功するためには、国民よりも「半歩前」に行くことがポイントではないかと私は思っているのです。二歩も三歩も先に行ったら、国民と握っている手が離れて、彼らはついてこられません。だから、あまり前に行ってはいけないのです。私が思うに、優秀な革命家が成功しない理由の一つはそれですね。先に行きすぎるのです。でも、かといって国民と横並びでもいけないのです。それでは発展がありません。

だから、リーダーは国民と一方では手を握りながら、その手を離さないで半歩前に行く。もし国民がついてこないようなら、ちょっと立ち止まって、手を離さないで説得をする。そして国民の声を聞く。そうして意見を合わせる。そのようなやり方が、いま、成功する秘訣《ひけつ》ではないかと思います。

姜　いまのご意見は非常に参考になります。現代のリーダーシップのあり方を模索するうえで、大きなヒントになりそうです。

決断するときは、「三度」考えよ。

姜　では最後に、もう一つだけ伺って、締めくくりたいと思います。「リーダーシップ」というものにとってもっとも大切なのは、私はやはり「決断力」だと思うのです。この点について、何か一言、いただいてもよろしいでしょうか。

金　おっしゃるとおり、「決断力」はリーダーシップにとって、きわめて重要な要素です。ご参考になるかどうかわかりませんが、一つ、私が若い人たちによく言っていることがあります。それは、「何かしようとするときは、三度考えろ」ということです。頭の中で、三度シミュレーションしてみるのです。それをやるとどのようないいことがあるのか。どのような悪いことがあるのか、やらなかったらどうなるか。それらを比較すると、どういう結論になるのか。

もちろん、考えても答えが出ないことは多いです。しかし、熟考を重ねれば、誤りはずっと少なくなると思います。そして、熟考すれば、決断した後、迷わないですみます。信ずるところに向かって突き進めます。

たとえば、いま私はこうやって姜教授とお話ししておりますが、このオファーをいただいたときも、お受けしようかどうしようか、三度考えたのですよ（笑）。

姜　たいへんよいことを聞きました。先生は決断をされるとき、慎重に、何度も何度もお考えになるわけですね。そして、決断をしたのちは、迷わない。信念を持って突き進む、と。

金　そうです。私はそのようにしてきました。

姜　今日は本当にドキドキしながらお話を伺わせていただきました。いまの「決断力」のお話のほか、リーダーの本領は人の使い方にあること、正しい歴史観を持つためには、多くの書物に親しむことが有効であるなど、たいへん勉強になりました。とりわけ印象深いのは、リーダーは「半歩前を歩け」という確信に満ちたお言葉です。

長いお時間をお取りいただき、本当にありがとうございました。

金　こちらこそ、楽しいお話ができました。ありがとうございました。

（二〇〇九年四月七日、韓国・金大中氏宅に於て）

上記写真は、2006年7月20日、金大中図書館の執務室にて撮影

終章

歴史と勝負する

――「責任力」もしくは「信じる力」

手探りで進んできた、
私のリーダーシップ論も、いよいよ終わりに近づきました。
つかみにくく、難しいテーマでしたが、
興味を持ってくださった方があれば、嬉しいです。
最後に、ここまでの章では言いきれなかった、ハミダシ気味の、
しかし、リーダーシップの要諦であることは確かな、
二、三のことを述べて、
締めくくりとしましょう。

リーダーシップについて私が言いたい、二、三の事柄。

第一章でも少し言いましたが、「リーダーシップ論」というのは、考えれば考えるほど結論を出しにくい、やっかいなテーマです。

そもそも、正解がない。時と場合によって答えが変わる、一種の状況論です。それゆえに、ああも言える、こうも言えると、どうも瓢箪《ひょうたん》ナマズ的になってしまいます。とはいえ、そういうところがまた、リーダーシップ論のリーダーシップ論たるゆえんなのだと、開き直ることにしましょう。

と――言っているそばから、じつは、大切なことがまだあるのです。

第二章で「七つのリーダー・パワー」と題して、リーダーシップについて分類・分析しましたが、そこで充分に表現しきれていなくて、しかし、リーダーシップを考えるうえでは「重要事項ではないだろうか」ということが、もう少しあるのです。

そこで、そんなことを二、三点述べて、締めくくりとしたいと思います。

ペリー・メイスン的な「言葉の錬金術」。

一つは、「言葉の力」、とでもいうようなことです。

誰でも、記憶をたどっていくと、人生の最初に、頼りにしたり、影響されたりしたリーダーの思い出があるのではないでしょうか。たとえば、学校の先生とか、部活のキャプテンとか、あるいは、生徒会長とか……。

そこで、私の場合どうだったかを考えてみたのですが、「原体験」は、どうも『ペリー・メイスン』のような気がするのです。

『ペリー・メイスン』とは、一九五〇年代の終わりから六〇年代にかけて、E・S・ガードナーのベストセラー推理小説をテレビ化した大人気アメリカ・ドラマです。あざやかな謎《なぞ》ときと巧みな弁舌で、法廷中の人びとを魅了してしまう弁護士のメイスンに名優レイモンド・バーが扮《ふん》し、圧倒的な存在感がありました。

なぜ私がこのドラマに惹かれたかというと、一つには、「弁護士」というものが珍しかったからです。アメリカは訴訟社会ですから、向こうではポピュラーな職業なのですが、当時は日本では弁護士などにお目にかかることは、日常的にはまずありませんでした。だから、新鮮な興味を感じたのです。

そして、それ以上に魅力を感じたのは、彼の話術の巧みさでした。というのも、当時の私は引っ込み思案で、やや軽い吃音《きつおん》の症状にも悩んでいたのです。それだけに、有無を言わさぬ「説得力」で聴衆を魅了し、法廷中を味方につけてしまうメイスンに、魔法使いのような憧れを感じました。

ちなみに、当時の私はペリー・メイスンだけでなく、同じくアメリカのテレビ・ドラマで、脳外科医を主人公にした『ベン・ケーシー』も大好きでした。

なぜ、ベン・ケーシー？　それもやはり話術。患者さんを納得させる、あの「説得力」です。ケーシー役のヴィンセント・エドワーズが、レイモンド・バーに劣らず魅力的でした。

いま思うと、私は、自分がしゃべることが苦手だったぶんだけ、早くからしゃべりの得意な人に憧れ、「言葉の力」についても考えてきた気がします。

たとえば、日本の首相の中でも、先に紹介した田中角栄や小泉氏はスピーチがうまく、聴衆の気をそらしませんでした。金大中元大統領も同様です。何万人もの聴衆を沸かせるリーダーには、やはり絶大なパワーがあります。

ちなみに、中には「寡黙なリーダー」というタイプも、ないではありません。しかし、よく観察してみてください。その人がもし多くの人に慕われている魅力的な指導者だとしたら、おそらく、まったくの「むっつり」ではなく、「たまに言うから効く」というように、非常に臨機応変に「殺し文句」を出しているはずです。

「キメのセリフ」を出せる人に会うと、「なるほど」と感心することがあります。

言葉巧みとか、言葉のマジックとか、レトリックなどというと、何やら「黒」を「白」と言いくるめるヤマ師のようなイメージがあるかもしれません。とくに日本では、「男は黙って」とか「不言実行」ということを、しばしば美学のように言います。でも、多くの人びととコミュニケーションをとらなければならないリーダーシップにおいては、言葉の力は、やはり必須です。

そういえば、「言葉の錬金術」という言い方もあります。そう言うと、また実行のともなわないインチキ詐術のように受け取られるかもしれませんが、そうではありません。「ファシネイト」(魅了する)という言葉がありますが、まさにそれです。言葉の力によって、大衆の心をわしづかみにする力。そんなパワーを持っているリーダーは、絶対に強いのです。

究極のリーダー力、それは、リスクを負える「責任力」。

では、二つ目に移りましょう。

これも、いままでに何度も触れてきたことと関係します。それは、「責任力」です。先にリーダーにとってもっとも重要なスキルとして「決断力」をあげましたが、それと密接にかかわっています。というよりも、決断力と表裏一体のものと言えます。

結局、リーダーの決断には、正解はありません。AかBか、どちらを取るか、「どっちもあり」だからこそ、「決断」が必要なのです。正解があるのなら、そもそも決断する必要はありません。正解がないから、決断しなければならないのです。すなわち、リーダーの仕事とは、それくらいリスクをともなうのです。

だからこそ、「リーダー待望」と言いながら、じつは「責任」をなすりつける「スケープゴート」を探しているだけ、というズルい事態にもなりがちなのです。

その意味で、リーダーの決断力を別の言葉で言い表すと、「リスクを負える責任力」ということになります。

「優れたリーダー」の能力はどこに帰着するかというと、結局、リスクを背負える勇気があるかどうかです。スケープゴートにされる可能性も覚悟して、なおかつ精神的に耐えられるか、ということです。たいへん難しいことですが、そういうリーダーが上司としていてくれたら、やっぱり部下は動きやすいでしょう。フォロワーは安心してついていきます。

その意味では、「責任」とは、結局「自己犠牲」に近いのではないかと思います。

しかし考えてみれば、この日本にも、経済の分野でいわゆる大物創業者が、リーダーとして次から次へと登場した時代がありました。たとえば、松下幸之助や豊田佐吉や、本田宗一郎……。なのに、なぜいまは、そのような骨太なリーダーが登場しなくなってしまったのでしょうか。

理由の一つは、世の中が豊かになったために、捨て身の冒険ができにくくなったのです。持ち物が多くなると、人はそれを失うのが怖くなります。だから、宝物を失わないための「リスク・マネジメント」を、若いうちから徹底して身につけることになります。国民みなが、子供のときから英才教育のように、危機管理を刷り込まれますから、イチかバチかの決断が、できなくなるのです。

たとえば、何かというと、「それ、危険じゃないの」とか、「そんなことしたら損するよ」といったセリフをよく聞きます。「冒険」をしたがりません。というより、冒険の意味すらわかっていないのではないでしょうか。冒険といえば、『海底二万里』や『八十日間世界一周』などの作品で有名なジュール・ヴェルヌの小説の中にあるようなもののことと思っているのではないでしょうか。

ビジネスだけでなく、日常的な場面のあちらこちらでこのようなセリフが出てくるところに、現代人の精神性の一端が表れているように思います。

自分を投げ出す力、
それは、つまり「信じる力」。

そして、もう一つ付け加えたいと思います。

それは、「信じる力」です。これはいま述べた、リスクや冒険ということ、そしてリーダー力の基本である「ビジョン」ということに関係します。

多少、言葉遊びめくのですが、ビジョンというのは、いわば「幻想」です。とはいえ、机上の空論とか、絵空事という意味の「幻想」ではありません。幻想は幻想でも、自分の理想や信念を「映し出してみる」幻想です。

この「映し出す」というのは、英語で言うと「プロジェクト」、「投企」です。以前『プロジェクトX』というテレビ番組が流行って、以来、「事業計画その一」「その二」のような意味に取られるようになりましたが、本来は、自分のビジョンをリアルに映し出すことです。「プロジェクター」という映写機がありますが、まさにあれです。

すなわち、自分の思い描くビジョンがあって、それにすべてを賭《か》けて、すべてを託して、そこに自分を投げ出すことです。自らを投げてみなければいけないのです。

いまの官僚的なリーダーたちはリスク・マネジメントに終始していますから、そういうことは、あまりやりたがりません。ですから、いまの時代、自分を投げ出せるリーダーがいなくなったという意味では、「プロジェクト」という言葉は象徴的で、私たちが忘れ去ってしまった何かを思い出させるような気がします。

また、政治家も同様です。失敗を恐れて、自分の務めを無難に果たすことしか考えません。情熱がありません。投げ出すどころか、安全地帯にひきこもることばかり考えます。御身大切というやつです。

でも、中には自分のビジョンを手放さず、それに向かって自分を投げ出す人もいます。崖《がけ》から飛び込むように、「やってみる」人がいるのです。

では、その人はなぜ、それができるのでしょうか。それは、「信じる力」があるからです。すなわち信念です。

自分のビジョンにもとづいて、自分を投げ出す。そこには言ってみれば博打的な、「最後のぎりぎりの賭け」のようなものがあります。だからこそ、——先ほども言ったように、リーダーというのはリスキーなのです。しかし、それでもなお飛び込むから、みんなが感動し、結局は、人がついてくるのです。そういうスケール感を、リーダーシップというのではないでしょうか。私はそう思います。

「信じる力」とは、自分を信じて、投げ出す力です。

リーダーは、歴史と勝負せよ。

「信じる」ということに関して、もう少しだけ、言います。

じつは、いま、この世の中では、「信じる」ということは、あまり人気がありません。

「真面目」と同じくらい人気がありません。みな妙にニヒルになって、「信じる」ことイコール「騙される」ことであるかのように誤解しています。「信じるのが馬鹿だ」とは、よく聞くセリフです。

しかし、それは違います。信じるとは、本来的には、懐疑の中で悩み抜き、そして何かを信じる自分を信じる、つまり、自分自身を信じることにほかならないのです。人の言いなりになって妄信させられることとは、まったく違います。そのような自分への信頼は、同時に他者との相互信頼と表裏の関係にあります。

たしかに、いまの世の中では「信じる」ことが難しいのは確かです。これほどの情報化社会ですから、誰もが「耳年増」になって、懐疑的になります。懐疑的になれば信念は揺らぎます。信念が揺らげば、突き進む力は、やはり弱くなります。

しかし、自分に信念を持って「プロジェクト」する人をリーダーというならば、やはりリーダーは「信じる力」を持たなければいけないのではないでしょうか。

いまは、老若男女を問わず、多くの人びとが冷笑主義（シニシズム）に陥ってしまって、しかもそれが賢い生き方であるかのように錯覚していないでしょうか。

しかし、経営者でも、企業家でも、政治家でもいいのですが、「冷笑主義のリーダー」など、そもそもありえないと思いませんか。冷笑主義のリーダーに、誰が従おうと思うでしょうか。

もちろん、見通しの甘い、単なるロマンチストではダメです。リーダーは賢くないといけないし、世の中を冷徹に見据える目も必要です。

でも、冷たいリーダーはダメです。人がついてきません。かといって、微温的でもダメです。ダレてしまいます。リーダーは、熱くなければいけないのです。何も体育会系になる必要はありません。「信じる力」があるということ、ただそれだけで、すなわち「熱い」ということなのですから。

そうしたリーダーにして、はじめて「歴史と勝負する」ことができるのではないでしょうか。

ここで改めて「歴史と勝負する」ことの意味を考えてみましょう。第四章で触れたように、金氏は私との対話で「歴史と勝負する」ことを、政治家としての自らの決断の基準に据えていると述べています。私は、これこそが、このリーダーシップを語る本書のもう一つの柱としてふさわしい言葉だと思うのです。

考えてみると、政治もビジネスも、人間が生きている限り、日々、片時も休むことなく続いていく営みです。ですから、どんなに理想や情熱があっても、日々の出来事に適応していかなければ、リーダーの資格を疑われてしまいます。

平たく言えば、偉そうなことを言っているが、足元のことも満足にできないではないかという誹《そし》りを受けかねません。ここで再び、第一章でも引いたウェーバーの『職業としての政治』の言葉を借りれば、ウェーバーは講演の最後で「日々の要求に従え」と聴衆に向けて強く訴えました。つまり、足元の、目前に迫った日々の要求にきっちりと向き合い、それを解決していくことが重要であると強調しているのです。

しかし、政治には、その時々の日々の要求をうまく解決してくれるプロ集団がいます。官僚やテクノクラートたちです。ビジネスでも同様に、ソリューションを専門とするプロのチームがあります。彼らは、金氏の言葉で言えば、「目の前にある現実の利益を重要視」し、そのために具体的なソリューションを提示してくれるのです。

だとすれば、政治やビジネスの世界にはリーダーは必要ないということになります。すべては彼らプロ集団に任せていればいいことになるからです。

だが、ウェーバーの「日々の要求に従え」という言葉は、同時に「時代の要求に従え」という意味も含んでいるのです。ここで言う「時代」という言葉を「歴史」に置き換えれば、ウェーバーと金氏はまったく同じことを言っていることがわかります。

つまり、「日々の要求に従」いながら、同時にそれがその時々の利害の問題にとどまらず、日々の営みの変化にも耐えられる「歴史の要求に従」うことに繋がらなければならないとウェーバーも金氏も唱えているのです。

具体的に言えば、その場その場で日々の喝采を浴びるような決断をしたりして国民や株主から高い支持を獲得できても、「時代の、歴史の要求」を見誤り、結果として後々、まったく評価されないリーダーがいます。

たとえば、オバマ大統領がプラハ演説（二〇〇九年四月五日）で、冷戦型の思考を終結させ、合衆国の国家安全保障戦略上、核兵器の役割を縮小すべきだと力説しているのに、相も変わらず核の拡大抑止論にしがみつき、冷戦型の対決思考から脱却できない政治家がいるとしましょう。その政治家がどんなに日々、テロなどの危険に対して国民生活の安全を保障するような力による抑止を唱えてみても、非核化という「時代の、歴史の要求」からすると、力による抑止論を見直さないかぎり、確実に「反時代的」とみなされることになると思います。

これほどスケールの大きなことでなくても、政治でもビジネスでも、これと同じようなことがあるのではないでしょうか。現在は、「日々の要求」にうまく適応する官僚やテクノクラート的な能力に長けた人びとはたくさんいますし、またそうした傾向だけがもてはやされている感じがします。

しかし、やはり「現実の利益よりも、後々自分が歴史にどう評価されるかということのほうを考えてきました」という金氏の言葉はずっしりと重いと思います。「日々の要求に従う」ことが、同時に「時代の、歴史の要求に従う」ことに繫がる。それはきわめて困難なことかもしれません。しかし、「不可能なことに挑戦しなければ、可能なことも成し遂げられない」というウェーバーの言葉をここでは深く嚙みしめてみたいのです。

スケールの大小は問いません、リーダーたる者、どうぞ「歴史と勝負」してみてください。

おわりに

二〇〇五年五月二十三日、東京大学は金大中元韓国大統領を安田講堂に招き、歴史的な講演会が実現しました。金氏の招聘《しょうへい》に一役買った私は、以来、毎年金氏の自宅を訪れ、直接お話しする機会を得ました。そしてお会いするたびに、不世出のアジアのリーダーの声を次世代の人びとに伝えたいという気持ちが高まっていきました。私情を吐露するならば、大学時代に韓国の民主化を求めて運動に明け暮れていた私にとって、金氏は「たった一つの青春のシンボル」とでもいうべき存在でした。

そこで本年の二月、書籍への収録を前提とした面談を思い切って申し込んだところ、四月七日に念願がかない、ソウル市内の金氏の自宅で一時間半ほどの対話が実現しました。第四章が、そのときの対談の記録になります。また、本書は「リーダーシップ論」の体裁をとっていますが、これまで金氏にご教示いただいたエッセンスが全編にちりばめられていることは言うまでもありません。

　金元大統領はその後体調を崩され、二〇〇九年八月十八日に逝去されました。金氏の容態の急変を知り、十七日に急遽ソウルの病院を見舞い、翌日、側近の方々と昼食を共にした直後の訃報でした。涙があふれてきて、悲しみもひとしおでした。それでも、本書の再校ゲラ、すなわち金氏との最後の対話の記録を読み返しつつ、「あのとき、失礼を承知で面談をお願いしてよかった」と、いまは心から思っています。この機会を逸していたら、金大中元大統領との対話は永久になかったからです。来年還暦を迎える私が言うのも滑稽ですが、本書は、青春の総決算とでも言うべき一冊となりました。

　最後に、元大統領と日本の私たちの間に入って、細々とした調整をしてくださった李《リ》愛俐娥《エリア》さん、また、集英社新書編集部の落合勝人さんをはじめ、本書の刊行のために尽力してくれた多くの方々に感謝いたします。誠にありがとうございました。

二〇〇九年八月二十四日

姜尚中

姜尚中（カン サンジュン）

一九五〇年生まれ。早稲田大学大学院政治学研究科博士課程修了。東京大学大学院情報学環教授。専攻は政治学・政治思想史。著書に『マックス・ウェーバーと近代』『オリエンタリズムの彼方へ』『ナショナリズム』『東北アジア共同の家をめざして』『日朝関係の克服』『姜尚中の政治学入門』『ニッポン・サバイバル』『悩む力』ほか。共著に『ナショナリズムの克服』『デモクラシーの冒険』ほか。

リーダーは半《はん》歩《ぽ》前《まえ》を歩《ある》け——金大中《キムデジュン》というヒント

集英社新書〇五〇九A

二〇〇九年九月二二日　第一刷発行

著者……姜尚中《カンサンジュン》

発行者……大谷和之

発行所……株式会社集英社

東京都千代田区一ツ橋二-五-一〇　郵便番号一〇一-八〇五〇

電話　〇三-三二三〇-六三九一（編集部）
〇三-三二三〇-六三九三（販売部）
〇三-三二三〇-六〇八〇（読者係）

装幀……原　研哉

印刷所……大日本印刷株式会社　凸版印刷株式会社

製本所……加藤製本株式会社

定価はカバーに表示してあります。

ISBN 978-4-08-720509-1 C0231

Printed in Japan